CARTA A UM MENINO QUE VIVERÁ 100 ANOS

Título original: *Lettera a un bambino che vivrà fino 100 anni : come la scienza ci renderá (quasi) imortali*

Coordenação editorial: Renata Braga e Luiza Vilela
Revisão: Ana Grillo
Capa e projeto gráfico: Folio Design
Diagramação: Trio Studio
Impressão: RR Donnelley

CIP-BRASIL. CATALOGAÇÃO-NA-FONTE
SINDICATO NACIONAL DOS EDITORES DE LIVROS, RJ

B693c

Boncinelli, Edoardo, 1941-
Cartas a um menino que viverá 100 anos : como a ciência nos fará (quase) imortais / Edoardo Boncinelli ; tradução Eliana Aguiar. - 1.ed. - Rio de Janeiro : Guarda-Chuva, 2011.
il.

Tradução de: Lettera a un bambino che vivrà fino 100 anni : come la scienza ci renderá (quasi) imortali
ISBN 978-85-99537-16-9

1. Longevidade. 2. Engenharia genética. 3. Tecnologia da reprodução humana. 4. Medicina experimental no homem. 5. Imortalidade. I. Título.

11-5845. CDD: 613
CDU: 612

08.09.11 09.09.11
029403

Rua Jardim Botânico, 674 – sala 315 – Jardim Botânico
CEP: 22461-000 – Rio de Janeiro – RJ
Tel: (21) 2239-4023 – E-mail: versal@versal.com.br
www.versal.com.br

EDOARDO BONCINELLI

CARTA A UM MENINO QUE VIVERÁ 100 ANOS

COMO A CIÊNCIA NOS FARÁ (QUASE) IMORTAIS

TRADUÇÃO
ELIANA AGUIAR

1ª EDIÇÃO

RIO DE JANEIRO • 2011

GUARDA•CHUVA

SUMÁRIO

Introdução
Um século de progressos 6

Informações, ordem, controle 14
Por que e como envelhecemos? 24
O alfabeto que nos governa 34
O destino escrito nos genes 44
Resistir às invasões internas 62
Combater os inimigos externos 84
Substituir as peças avariadas 102
Reparar e reconstruir 114
Um olhar para o futuro 130

Leituras 142

INTRODUÇÃO

UM SÉCULO DE PROGRESSOS

"O ideal é morrer jovem o mais tarde possível", dizia com humor o antropólogo Ashley Montagu, para exorcizar aquele que é, desde sempre, um dos maiores medos da humanidade: o medo da morte, claro, mas também do lento declínio que nos conduz inexoravelmente a ela e que, sob certos aspectos, é ainda mais misterioso e terrível. Um declínio no qual, dia após dia, as capacidades regridem, as possibilidades se reduzem, os limites físicos se tornam mais evidentes. As reflexões que poetas, filósofos, escritores e cientistas dedicaram à morte e à velhice são incontáveis, mas até algumas décadas atrás seria impossível para qualquer um, até mesmo para um cientista, prever o que está acontecendo hoje.

A sociedade está mudando e a ciência, a técnica e a medicina deram e continuam a dar passos de gigante a cada dia que passa, com efeitos antes impensáveis sobre nossas existências: vivemos mais tempo, envelhecemos melhor e mais lentamente.

Você, que fez sua estreia na vida um dia desses, tem uma chance em duas de viver mais de cem anos. E não posso deixar de desejar que seja uma existência serena e feliz. Diferente, com certeza, mas provavelmente muito diferente da vida de seus pais e de seus avós. Posso descrever aqui o que vai lhe acontecer no plano da saúde, mas caberá a você estabelecer os conteúdos do tempo que vai receber; no entanto, posso garantir que, se ele fosse muito breve e vivido em condições precárias, até a sua liberdade ficaria limitada.

Podem lhe dizer que as coisas não são bem assim, que são bem mais complicadas e as perspectivas bem menos róseas. Não acredite. É uma época estranha essa nossa. Nunca antes, pelo menos nos países mais industrializados, gozamos de tão boa saúde; mesmo assim, nunca reclamamos tanto de nossas condições de vida, de nossa precariedade e da insuficiência da medicina. A contradição é evidente, mas é apenas uma das muitas contradições que caracterizam esses anos de superabundância material e profunda inquietude interior.

Não cabe aqui investigar as profundezas de onde se originam tais contradições, particularmente esta última. Em vez disso, é melhor aceitá-la tal como é, passar em revista os progressos realizados e lançar, talvez, um olhar para o que provavelmente ocorrerá nos anos que virão. Anos que serão, aliás, os seus.

É sempre arriscado falar do futuro, mas, pelo menos sob certos aspectos, ele parece bastante previsível. Além do mais, fazer previsões, projeções e projetos é característico da mente humana. Particularmente hoje, pois os nossos conhecimentos aumentam, assim como os frutos que deles podemos extrair. Antes, tudo o que o homem podia fazer era aceitar o destino que lhe cabia, e sua bravura consistia justamente em saber aceitá-lo e em saber preservá-lo da melhor maneira. Há algum tempo, ele aprendeu a influenciar os acontecimentos em vários níveis e a orientar a própria vida para determinadas direções.

É um fato que, hoje em dia, todos vivemos mais tempo. Muito mais no Ocidente e menos, naturalmente, nos países ditos subdesenvolvidos – mas o fenômeno atingiu e ainda atinge todo o planeta.

Na Itália, a duração da vida dobrou no último século. Nos últimos quarenta anos, aumentou mais dez anos e meio e o resultado é que cada ano nos dá um trimestre a mais. Nesse momento, a expectativa de vida é de quase 85 anos para as mulheres e de quase 80 para os homens, com uma média de 83 anos, e nada nos leva a pensar que o fenômeno esteja arrefecendo: analisando a curva, nota-se que está em ascensão uniforme e que deve continuar assim pelo menos por mais trinta ou quarenta anos. Paralelamente, cresce também, embora de maneira mais lenta, a idade máxima observável, que ganha um ano a cada dez. São dados estatísticos, claro, e valem para o indivíduo médio, mas de todo modo são dados impressionantes, e é necessário refletir sobre eles, tanto por seus aspectos positivos, quanto pelos negativos. Muitos dos problemas atuais, na Itália e no mundo, estão, direta ou indiretamente, ligados ao fato de que somos muitos e vivemos mais do que nunca. É possível, portanto, fazer previsões e prefigurações prospectivas. Por exemplo, você tem 50% de chances de chegar aos 100 anos.

Não há dúvida de que tal cenário muda radicalmente a relação dos seres humanos com a própria vida. Antes de mais nada, o homem sempre lamentou viver tão pouco, mas, a bem dizer, isso não é tão verdadeiro assim. Mesmo em épocas passadas, durante a existência de uma pessoa, a Terra girava ao redor do Sol e as estações do ano se alternavam várias dezenas de vezes. Não existe um medidor absoluto do tempo, mas é verdade que, comparada com os eventos atmosféricos ou com a vida dos outros seres vivos que nos cercam, plantas e animais, a vida do homem não é curta. Só é breve em relação às nossas expectativas e a todo o tempo necessário para chegarmos à idade adulta, tempo que não tem igual em nenhuma outra espécie vivente.

Em segundo lugar, envelhecemos melhor e mais lentamente, na medida em que mudaram as condições de vida – da alimentação à higiene, da redução do esforço físico às medidas para prevenir acidentes de vários tipos – e porque a medicina, em todos os seus ramos, fez enormes progressos. Mas ainda não chegamos ao ponto de estender a duração da vida agindo sobre os genes que a controlam. Mas amanhã, quem sabe?

Em terceiro lugar, vivemos melhor, em média, desde a primeira infância. A medicina moderna e as ciências que contribuem para dotá-la de instrumentos cada vez mais eficazes têm celebrado os maiores triunfos no diagnóstico e na prevenção das doenças genéticas. No curso dos últimos quarenta anos, durante os quais trabalhei com genética e biologia molecular, vivemos mudanças enormes: um número considerável de sonhos "impossíveis" se realizou e alguns até já caíram no esquecimento.

Graças a esse progresso e à melhoria excepcional do tratamento das doenças infecciosas, reduziu-se drasticamente a mortalidade infantil, que tem vitimado o mundo desde sempre, condicionando pesadamente a sua estrutura e organização. Desde o dia em que nasceu, em 1798, Giacomo Leopardi, menino e logo rapaz, via a mãe quase sempre grávida: de fato, em 17 anos, Adelaide dos marqueses Antici teve 12 gestações, mas só conseguiu conduzir três filhos à maioridade. Em semelhantes circunstâncias, como seria possível pensar numa verdadeira emancipação feminina?

A redução do flagelo da mortalidade infantil trouxe como consequência o aumento da vida média, um fenômeno que se estende em ritmo lento, mas constante, até as populações menos favorecidas. Além disso, o progresso das técnicas cirúrgicas e a instrumentação diagnóstica cada vez mais poderosa reduziram de maneira considerável, também nos adultos, a periculosidade das doenças mais incômodas e devastadoras, dos tumores aos distúrbios cardiovasculares, das disfunções renais ao aumento da pressão arterial. Isso sem falar do impacto dos transplantes de órgãos, que mudaram a vida de milhares de pessoas e que prometem se transformar, com a introdução de novas metodologias – entre as quais a utilização das famosas células-tronco –, no principal instrumento da medicina do amanhã.

No futuro, os transplantes, junto com inúmeras outras técnicas da chamada "medicina regenerativa", poderão ser usados até para rejuvenescer algumas partes do nosso corpo, permitindo assim um envelhecimento mais lento. É verdade que jamais alcançaremos a imortalidade ou a invulnerabilidade: isso não é concedido, quase por definição, a nenhum ser vivo. Mas não gostamos de ver as crianças sofrerem e morrerem; de ver alguém carregar por toda a vida as consequências de um número errado na loteria dos genes; de ver os fracos e os doentes abandonados para morrer fora do bando; de abandonar ao próprio triste destino as pessoas de uma certa idade.

Nossa inteligência e nossa sociedade nos levaram a modificar de modo cada vez mais estendido os mecanismos biológicos da vida e da doença e a tentar enfrentar os decretos do destino. Tudo isso comportou e vai continuar comportando a necessidade de fazer um número cada vez maior de escolhas. Para mim, de todo modo, é sempre melhor saber do que ignorar, poder decidir do que esperar impotente, mesmo que toda decisão comporte certas responsabilidades. Quanto mais oportunidades existem, mais necessário é, de fato, operar uma triagem, com tudo que isso implica no plano individual e no plano social.

Por outro lado, se as oportunidades aumentam, a escolha se torna mais árdua. Enquanto as opções para o novo se confrontavam apenas com um passado de sofrimentos e privações, decidir não foi muito difícil, embora a história mostre que nem sempre foi assim. A introdução da prática da vacinação, só para dar um exemplo, assim como a inclusão do café como bebida, desencadearam furiosas polêmicas em sua época. Mas é muito mais difícil escolher hoje, pois nos defrontamos com um passado imediato e com um presente que, como vimos, não são nem um pouco desastrosos, apesar dos contínuos "alertas" dos gurus da lamentação.

Fala-se muito em contrastes, se não em conflitos, entre ciência e ética, e quem faz isso dá a entender, mesmo de uma maneira velada, que a ciência de hoje avança cada vez mais contra a ética. Nada pode ser mais equivocado. A ciência e a ética não podem entrar em conflito entre si, porque seus objetivos e seus métodos são muito distantes. Os confrontos se referem a posições éticas diversas, ou seja, a convicções diferentes sobre algumas aplicações da própria ciência. Se só existisse no mundo uma única posição ética, não existiriam problemas: a ciência, seja como pesquisa pura, seja em suas aplicações práticas, não poderia deixar de se adequar e se subordinar a seus preceitos.

Foi o que aconteceu com a experimentação em animais. Quando, mais de vinte anos atrás, difundiu-se uma nova sensibilidade em relação à dor dos animais ou até às condições de vida incômodas a que eram submetidos, foram criados regulamentos e programas aplicáveis em todo o mundo com relação a essa questão e não restou aos cientistas nenhuma opção senão se adequar e orientar suas pesquisas naquela direção.

Quando, ao contrário, existe um confronto entre posições éticas diversas, a ciência só pode observar, culpada apenas de ter colocado na mesa novos conhecimentos e oportunidades de tratamento ou de cura. O que se pode observar, no máximo, é que, diante de cada nova oportunidade colocada em campo pela ciência, o leque já amplo das diversas posições éticas se abre e se fecha cada vez mais.

Contra o "novo" militam duas ordens de considerações correntes: a natureza é boa e sabe mais do que nós; o passado é mais confiável porque é povoado por coisas comprovadas.

A natureza não é, em si, nem boa nem má: ela segue seu próprio curso. É pródiga conosco, mas também com os mosquitos e os gafanhotos. E com as bactérias e vírus. Cuida das formigas, dos tamanduás, da rosa-canina, da mucilagem, das plantas carnívoras e dos insetos que, descuidados, se aproximam delas. Nossas intervenções muitas vezes foram – e ainda são – voltadas para enfrentar sua imparcialidade e equanimidade. A nosso favor. Acusá-las de contranatural é, portanto, no mínimo ambíguo. O uso de óculos, de antibióticos e de insulina pelos diabéticos é contranatural. É contranatural enfaixar uma ferida e engessar uma perna. E o que poderia ser mais contranatural do que enfiar na carne uma agulha metálica furada, que permite injetar substâncias estranhas no corpo, ainda por cima muitas vezes sintéticas?

Mas o estudo da natureza nos ensinou pelo menos uma coisa, além de qualquer consideração: para viver, os seres vivos precisam mudar constantemente. Não sabemos por quê, mas é assim. A mudança, que muitas vezes chamamos de evolução, é a condição necessária para a existência da vida em todas as suas formas. Como ser vivo, portanto, o homem é obrigado a mudar. E talvez não seja tão surpreendente que faça a mesma coisa também como ser cultural. Mesmo que o passado pareça mais seguro, ele não pode substituir o futuro. O fato é que, aconteça o que acontecer, o futuro vai chegar, tanto para os entusiastas quanto para os nostálgicos, tanto para os temerosos, quanto para os destemidos. E será o futuro que escolhermos hoje.

A alternativa a tudo isso é deixar as coisas como estão e aceitar as decisões do acaso. Mas, pelo menos no campo da saúde, não tenho nenhuma dúvida: melhor saudável por escolha do que doente por acaso.

INFORMAÇÕES, ORDEM, CONTROLE

Os seres vivos são uma presença estranha no universo, uma espécie de escândalo. Não é por acaso, considerando-se o universo conhecido, que os seres vivos só foram encontrados aqui. É certamente possível que existam outros organismos vivos – talvez até inteligentes – em outros planetas, mas até hoje não tivemos notícia deles. O fato é que a vida não é um fenômeno tão simples e evidente como poderia parecer.

Como todos já sabem, o universo, com todos os objetos que contém, tende à desordem, à uniformidade, ao achatamento, ou seja, à decadência de todas as estruturas de todos os diversos processos. Se construímos um castelo de areia na praia, depois de alguns dias ele estará aplainado e nivelado e, por fim, desaparecerá. Se fazemos uma incisão num material qualquer, depois de algum tempo as bordas terão se atenuado cada vez mais e, com o passar do tempo, acabarão se apagando.

Os seres vivos parecem ser uma exceção a essa tendência geral, pois neles tudo deve ser ordenado, tudo deve ser regulado, tudo deve contribuir para um funcionamento, específico e completo, que no século XVIII alguém comparou ao de uma máquina bem regulada, como um relógio mecânico. Os seres vivos lutam há algum tempo contra a tendência geral ao achatamento e à degradação: sua luta exige uma enorme quantidade de energia, além de muitas outras coisas, mesmo que para nós a vida pareça ser um fato natural e espontâneo.

Mas se observarmos bem um ser vivo, mesmo uma simples bactéria ou uma alga elementar, veremos quanto esforço e quanta precisão são necessários para fazê-lo funcionar de maneira aceitável, tanto no nível dos componentes subcelulares, quanto no nível das células e, enfim, dos organismos. Assim que a natureza reduz seu grau de atenção, tudo se encaminha inevitavelmente para o caminho da degeneração e da perda da ordem. Assim também se comporta o nosso corpo, de uma maneira global. Essa tendência essencial nunca poderá ser mudada.

A vida é, portanto, um pequeno escândalo no universo. Representa uma aparente violação das leis da física e, mais precisamente, de uma lei fundamental: o segundo princípio da termodinâmica. Como todos estudamos no ensino médio (e como você também vai estudar daqui a alguns anos), num sistema fechado (e, num certo sentido, podemos considerar o nosso universo como um sistema fechado), a ordem sempre diminui na medida em que a desordem aumenta. Dito em outras palavras, a entropia de um sistema fechado sempre cresce, enquanto se perde, ao mesmo tempo, a ordem existente, que é o contrário da entropia. Por outro lado, não pode existir ordem sem informação e, consequentemente, a informação também vai se perdendo progressivamente. Podemos perceber isso na vida de todo dia. Na brincadeira de telefone sem fio, por exemplo, o primeiro jogador deve cochichar uma frase na orelha do companheiro, que deve repetir para o seguinte e assim por diante: à medida que a frase é repetida de uma pessoa para outra, ela se modifica a tal ponto que, às vezes, se transforma completamente. No todo ou em parte, a informação original se perde.

O mesmo acontece com uma carta ou uma página impressa que se deteriora, ou com um disco cujos sulcos se gastam e geram chiados, com uma transmissão radiofônica que quanto mais viaja menos fiel à original. Entregue a si mesma, a informação, que é um outro modo de chamar a ordem, não pode senão se perder: diminui de maneira espontânea e inexorável e não pode aumentar nunca.

Com a vida, as coisas funcionam de uma maneira diferente: se, por exemplo, introduzo uma bactéria num simples caldo de carne, depois de algum tempo encontrarei duas, depois quatro, depois oito, até chegar a milhões e milhões de células bacterianas. Nesse caso, passamos de um único ser vivo, que é um coágulo de matéria organizada – ou seja, ordenada – para milhares e milhares de cópias dele mesmo. A vida cria ordem, ou seja, informação, continuamente. E trata de mantê-la. Por pouco ou muito tempo, cada ser vivo trata de se manter vivo, ou seja, ordenado, e no momento oportuno é capaz de gerar mais ordem ao se reproduzir, ou seja, ao gerar outros exemplares de organismos semelhantes a si mesmo e igualmente ordenados.

Haveria então algo de particular na vida? Alguma propriedade diferente daquelas que a matéria inanimada possui? Não, ela apenas utiliza da melhor forma e a seu favor aquilo que as leis da física e da química permitem que aconteça, sem violar nenhum de seus princípios fundamentais.

Existe um truque, e é simples: a vida é uma manifestação local de aumento de informação ou de não-perda de ordem, às custas do ambiente circundante que, nesse ínterim, se degrada de maneira despropositada. De fato, se, em vez de considerarmos os seres vivos isoladamente, nós os considerarmos no interior do ambiente circundante, o segundo princípio estará sendo perfeitamente respeitado: a entropia aumenta sempre e a ordem diminui, pois a diminuição de ordem observada no ambiente compensa e supera o aumento localizado de ordem.

Não há, portanto, nada de anômalo na vida, nada que contradiga os princípios fundamentais que regulam o mundo físico. Os cientistas que se dirigiram ansiosamente à biologia no tempo da Segunda Guerra Mundial – e foram muitos e todos muito bons – na esperança de descobrir as leis particulares da vida, ficaram decepcionados, pois a vida não tem nada de peculiar, se o que buscamos são princípios universais. No entanto, se estamos procurando por princípios práticos, pragmáticos, a vida tem muita coisa de particular: é uma perseguição constante à criação e à manutenção da ordem. Um ser vivo pode ser definido como um complexo de matéria organizada, limitada no tempo e no espaço, capaz de metabolizar, de se reproduzir e de evoluir. Embora não pareça, esta definição é decididamente restritiva e estabelece vínculos muito fortes entre essas realidades particulares que chamamos de seres vivos. Ser vivo exige um esforço notável e uma luta constante contra a tendência universal ao aumento da desordem e à perda de informação. Em suma, a vida é uma espécie de milagre, mas não devemos ter medo de que os seres vivos não consigam sobreviver: com certeza, já aprenderam a fazê-lo, como demonstram amplamente os últimos 4 bilhões de anos.

Mesmo entre mil dificuldades, a vida resiste. Como? Gastando muitíssima energia e distribuindo informações de maneira contínua por todas as suas estruturas ou, se preferirem, "expelindo" entropias de dentro de si mesma incessantemente. É claro que cada ser individual resiste por um tempo limitado: a certa altura, não consegue mais. Cada concentração local de ordem, ou seja, cada ser vivo, é como um brinquedo movido a pilha: acabada a carga, ele para. Não antes, porém, de ter dado vida, falando de uma forma geral, a pelo menos outro brinquedo a pilha, que começa assim a sua própria aventura terrena.

Quais são os truques dos seres vivos para se manter em vida? A primeira característica essencial de todo ser vivo é ter um patrimônio genético, ou seja, um conjunto de "instruções de uso" necessárias e suficientes para nascer, crescer, se desenvolver, viver e, no momento oportuno, se reproduzir. Algo muito semelhante àquilo que nos computadores se chama de programa, com a diferença de que nenhum computador ou robô tem mais de uma cópia do programa, enquanto os seres vivos têm uma cópia em cada célula.

É oportuno esclarecer que não existem seres vivos que não sejam feitos de células – uma única, como uma bactéria ou um fungo elementar, ou dezenas de milhares, como no nosso caso. Não sabemos por que ser vivo significa ser feito de células, mas é assim, pelo menos em nossa Terra. Todo organismo vivo, simples ou complexo, é um agregado de unidades vitais elementares e relativamente autônomas que repartem entre si, por assim dizer, o peso de se manter em vida, subdividindo esse peso e cooperando, cada um em seu âmbito, para manter a estrutura de pé.

Nos organismos mais simples, constituídos de uma única célula e chamados, portanto, de unicelulares, a célula representa tudo: é a unidade de sobrevivência, de crescimento e de reprodução. Mas mesmo nos organismos mais complexos, constituídos de miríades de células, cada célula mantém um certo grau de autonomia e deve, essencialmente, cuidar de si mesma, pelo menos no que diz respeito à própria sobrevivência, ou seja, a nutrição, a respiração, o funcionamento regulado de seus circuitos metabólicos, o esforço para manter-se diferente do líquido circundante e, dentro de certos limites, a sua capacidade de se replicar. Muitas outras funções, ao contrário, devem ser desempenhadas por células específicas em comum acordo e em estreito contato com as outras e com os sinais intercelulares que percorrem a todo instante o corpo em seu conjunto.

Num caso e no outro, cada célula utiliza as instruções oriundas de seu patrimônio genético. Não poderia fazer tudo o que faz sem elas, seja executando-as ao pé da letra, seja interpretando-as segundo a evolução das condições externas a ela própria ou a todo o corpo, seja indo contra elas em razão de "ordens superiores" recebidas eventualmente do resto do corpo. Além disso, o fato de compartilhar as mesmas instruções de uso facilita a "socialização" das células, ou seja, a sua capacidade de compreender e, caso necessário, acompanhar a ação das outras células, próximas ou distantes. Entre as diferentes células do mesmo corpo, observa-se assim uma espécie de "harmonia preestabelecida": às vezes elas se falam, às vezes, não, mas cada uma conhece sempre a própria missão e se comporta da maneira apropriada mesmo quando não existe um diálogo direto com as outras.

Portanto, é de fundamental importância para a sobrevivência, delas e nossa, que todas as células do organismo possuam uma cópia das instruções de uso presentes no patrimônio genético do indivíduo a que pertencem, e que essas diversas cópias presentes nas diversas células sejam idênticas entre si. Com uma vantagem agregada: mesmo separadas do corpo que as hospeda, as várias células não se "desorientam" e não perdem o rumo. Se uma célula separada de seu corpo de origem se "perdesse" e não soubesse como se comportar, as transfusões de sangue não seriam possíveis e menos ainda os transplantes de órgão. Quando as células são implantadas em outro corpo, são capazes de encontrar recursos para sobreviver e prosperar.

Como todos hoje sabem, o patrimônio genético, que muitas vezes é chamado sumariamente de genoma, é constituído por uma longuíssima molécula de DNA, presente, como dissemos, em todas as nossas células. Sabemos também, em linhas gerais, como e onde está inscrita uma determinada instrução, conforme veremos mais detalhadamente a seguir. Hoje em dia, a pesquisa biológica de ponta em todo o mundo concentra-se exatamente no aumento dos nossos conhecimentos nesse campo.

Em resumo, desde a bactéria mais elementar até o mamífero mais complexo, a gestão da ordem biológica que pode se estabelecer e se manter num determinado organismo tem origem em seu patrimônio genético, ou seja, nas instruções de uso que cada célula carrega dentro de si, ou seja, tem origem nesse texto gigantesco, escrito de maneira linear, como todos os nossos livros, utilizando um alfabeto de apenas quatro letras, A, G, C, T, que, diante de qualquer situação, sugere o que cada célula deve fazer, incondicionalmente ou em consequência do que eventualmente acontecer a seu redor.

A posse de um genoma, ou seja, de um patrimônio genético, é uma *conditio sine qua non* para viver, mas não é suficiente em si e por si: mesmo um organismo morto possui o seu DNA. Mas então, quando é que um organismo ou mesmo uma simples célula estão vivos? Quando têm um metabolismo ativo, ou seja, quando estão envolvidos num fluxo contínuo de matéria, energia e informação. Um dos traços essenciais da vida é que não pode haver pausa, não pode existir suspensão, não pode existir hesitação: é preciso introduzir e transportar para o exterior a cada instante, seletivamente, matéria, energia e informação, num processo de troca contínua.

Para viver, assim como todos os outros seres vivos, nós comemos e respiramos. Respirar quer dizer queimar certas substâncias que produzem a energia necessária para desempenhar as funções biológicas fundamentais. Comer, ao contrário, tem muitos aspectos diferentes e é com certeza a função mais importante da nossa vida: com o alimento, introduzimos no corpo e nas células as moléculas que carregam consigo, ao mesmo tempo, a matéria de que somos feitos, parte da energia necessária para viver e a informação necessária para manter todo o organismo regulado e controlado.

É por isso que não podemos comer qualquer coisa. Para que possa nos sustentar, o alimento deve conter substâncias capazes de fornecer uma energia útil, isto é, de alta qualidade, com um alto conteúdo de informação, que vai nos servir exatamente para manter em ordem todos os processos vitais, inclusive aqueles que são essenciais para a integridade do nosso genoma. Depois de metabolizar o que comemos, expelimos água, anidrido carbônico e excrementos, contendo energia de menor qualidade se comparada com nosso alimento, ou seja, com menor conteúdo de informação. A diferença entre a qualidade daquilo que comemos e daquilo que expelimos corresponde à nossa aquisição, local e temporária, de informação, ou seja, de ordem. Outros animais se alimentam de coisas diferentes ou até mesmo de nossos excrementos. Isso significa que vão expelir matéria com um conteúdo de informação ainda menor.

As plantas e, de uma maneira mais geral, todos os organismos verdes, "se alimentam" diretamente da luz do sol, que representa a energia de maior qualidade existente no planeta. Se esses organismos não existissem, nós, animais, não conseguiríamos sobreviver, pois não somos capazes de utilizar diretamente a energia trazida pela luz do sol.

Em suma, a energia em si e por si não é suficiente, a sua qualidade também conta: por mais energia que o petróleo, por exemplo, possa liberar, não viveríamos se nos alimentássemos de petróleo, embora algumas bactérias saibam como fazer isso.

Já a respeito da matéria, o discurso é bem diferente. Por que temos uma necessidade permanente de introduzir matéria em nosso corpo? Uma vez formados, uma vez adultos, deveríamos precisar apenas de energia e de informação. Mas não é assim. A matéria serve para substituir continuamente todas as partes do nosso corpo, algumas mais rapidamente, outras mais lentamente, e isso parece ser absolutamente inevitável.

Em alguns casos, o motivo é óbvio: precisamos substituir a pele quando nos arranhamos e quando ela gasta; precisamos substituir a mucosa intestinal que descasca, é eliminada e substituída continuamente; precisamos substituir as células do nosso sangue porque, depois de um certo número de dias, elas perdem a capacidade de realizar seu trabalho adequadamente. A vida média das células do corpo humano é de alguns meses. Vinte e cinco milhões de células nascem no nosso corpo a cada segundo de nossa vida; destas, 2 milhões são glóbulos vermelhos, que viverão cerca de quatro meses e que servem para dar impulso aos 3 bilhões de batimentos cardíacos que produzimos no curso da existência, que servem, por sua vez, para fazer circular 3 milhões de litros de sangue, que o coração bombeia a cada ano. Todo dia morrem e são substituídas meio bilhão de células de pele, de modo que no decorrer da nossa vida reconstruímos mil vezes as camadas externas da pele do corpo, ou seja, uma vez a cada 28 dias. Precisamos de três meses para substituir o esqueleto e produzimos 10 mil células nervosas por dia.

Mas se olharmos para o interior de uma célula ou de seu DNA, veremos que as moléculas que lá estão hoje não são as mesmas de três meses atrás, nem as mesmas que estarão lá em alguns meses. A forma permanece a mesma, mas as moléculas são fisicamente diferentes, pois foram substituídas. É uma necessidade universal (cuja razão ainda desconhecemos) que diz respeito também ao ápice da vida, ou seja, ao momento em que se goza do máximo da forma.

A vida é, portanto, uma aposta, uma corrida e uma luta; é uma violação contínua daquilo que agradaria ao universo, ou seja, repousar e apodrecer. Por trás de cada minuto de cada dia existe um esforço enorme, que precisa ser controlado de maneira permanente. O segredo da vida é justamente o controle: não podemos esperar que as coisas se mantenham constantes no tempo, nem que uma ação, uma vez iniciada, siga adiante como desejamos, o melhor método para resolver os problemas de organização consiste em ajustar a mira a cada vez, ou seja, em controlar incessantemente. Depois de informação e ordem, a terceira palavra-chave da vida é exatamente esta: controle. Com o passar dos anos, o controle de todos os mecanismos do corpo vai ficando cada vez mais precário e aproximativo: é o processo que leva ao envelhecimento.

POR QUE E COMO ENVELHECEMOS?

Todos os animais envelhecem, e nós com eles. É uma lei universal da qual ninguém escapa: tudo que nasce envelhece e morre através de um processo natural que evidencia progressivamente os seus efeitos. Vai acontecer com você também, que agora ainda é tão pequeno.

Nos últimos trinta anos, aprendemos mais coisas sobre o envelhecimento do que em todos os períodos históricos precedentes; coisas que sequer imaginávamos, embora a humanidade sempre tenha se perguntado por que envelhecemos e morremos, encontrando as respostas mais fantasiosas para o fenômeno. Hoje sabemos por que envelhecemos e através de quais mecanismos.

O motivo é extremamente simples, embora não seja fácil de intuir nem de aceitar: envelhecemos porque tudo o que acontece depois do período reprodutivo realmente não interessa à natureza, ou seja, à seleção natural. Só lhe interessa o que acontece antes. Seu objetivo primário, admitindo-se que a natureza tenha algum objetivo, consiste em fazer com que cada um chegue à idade reprodutiva no auge da forma física e psíquica, que – por mais que varie segundo a época e a região – vai, de uma maneira geral, dos 15 aos 30 anos. O que acontece depois – ser poeta, músico, escritor ou simples aposentado, entediado ou apaixonado, frustrado ou realizado – diz respeito a cada um de nós, mas não à natureza ou melhor, a seu impulso evolutivo, que nessa altura já cumpriu sua tarefa e exauriu sua capacidade de intervenção.

A natureza não nos condena a envelhecer, nem *quer* nos envelhecer. Ela simplesmente nos *deixa* envelhecer. Superada a idade reprodutiva, ela não tem mais nenhum interesse em nos manter em perfeita forma, em razão do próprio caráter do processo seletivo realizado pelo ambiente em que vivemos, que age concedendo uma prolificidade diferente aos vários grupos de indivíduos pertencentes à mesma população. Na realidade, não seria exato dizer que a natureza não tem mais interesse – a natureza não tem interesses. Simplesmente, assim que superamos o período reprodutivo, a seleção natural não dispõe mais de instrumentos para agir sobre nós. Não nos considera mais e não dispensa a mesma atenção que dispensava até então à nossa constituição física e psíquica. E um ser vivo abandonado a si mesmo, que não seja impulsionado continuamente para o máximo da forma, tende a se deteriorar e a decair, de maneira espontânea e inexorável.

É evidente que a constituição genética e as instruções biológicas, que funcionavam de maneira precisa até a idade reprodutiva, continuam a nos manter depois disso, mas nessa segunda fase da vida elas não são permanentemente controladas e calibradas no ponto máximo, como eram antes. Funcionam de maneira mais aproximativa e permissiva. E isso tem consequências.

As disposições e instruções biológicas do corpo humano podem ser subdivididas em três grandes categorias. A primeira compreende instruções que são positivas para o indivíduo em idade pré-reprodutiva e que continuarão a sê-lo também nas idades sucessivas. Elas não representam nenhum problema. A segunda categoria compreende as características que são positivas inicialmente e neutras nas idades avançadas. Elas também não suscitam grandes problemas, que surgem somente com aquelas características biológicas positivas e até muito positivas na primeira idade e que têm, ao contrário, uma influência negativa sobre a saúde em geral na segunda e terceira idades. É através delas que a natureza trabalha inconscientemente contra nós e contra nossas condições de saúde na segunda parte da vida: as mesmas características que eram fundamentais para atingir o máximo da forma na idade reprodutiva e que foram, portanto, especialmente selecionadas pelo ambiente e pela natureza para essa tarefa, representam um problema, mais ou menos sério e perceptível, na segunda parte da vida e à medida que os anos avançam. É o mesmo que acontece com uma planta anual que apresenta sua magnífica flor durante um tempo definido e depois começa a murchar progressivamente.

Vejamos dois exemplos simples, entre os muitos possíveis: a maturação dos ossos e do sistema nervoso. Os ossos de uma criança ou de um jovem são compostos quase totalmente de cartilagem, ou seja, são muito elásticos. Dificilmente se quebram, e quando isso acontece se soldam de novo sem dificuldades. No entanto, com o passar dos anos, os ossos se mineralizam, ou seja, se enriquecem de sais de cálcio, e com isso ficam mais duros, de modo que na idade reprodutiva o indivíduo se apresente mais resistente e robusto: no máximo da forma e da competitividade. Isso, porém, tem consequências sobre todo o período sucessivo: ter um esqueleto robusto aos 20 ou 30 anos implica que, a partir desse momento, os ossos deixam de ser elásticos. Em caso de fratura, não vão se consolidar com facilidade. O programa genético que nos dá o máximo de vantagem no momento da reprodução nos penaliza em seguida, durante todas as idades subsequentes, ou seja, a parte descendente da parábola da nossa vida.

O mesmo sucede com a constituição do sistema nervoso central, inclusive o cérebro. Na primeira infância, muitos dos nervos e fibras que vão de uma célula nervosa a outra estão nus, quer dizer, ainda não foram recobertos pela bainha mielínica – a camada de matéria branca que faz com que os nervos conduzam o impulso nervoso que os percorre com mais velocidade. Portanto, nessa época, o fluxo de informação biológica de uma parte a outra do sistema nervoso é lento e o funcionamento do sistema nervoso de uma criança é diferente do de um adulto: ainda precisa amadurecer. Com o passar dos anos, uma porção cada vez maior de suas fibras nervosas é revestida de mielina. Esse processo tem seu ápice no período da adolescência e se completa por volta dos 18 anos. Nessa idade, as conexões nervosas que exigem isso já estão cobertas de mielina e, portanto, podem conduzir o sinal a uma velocidade ideal. O sistema nervoso e o cérebro estão maduros, e o indivíduo se comporta como adulto ou quase.

A mielinização comporta, porém, algumas desvantagens. Em biologia, nada é gratuito: quando se ganha alguma coisa de um lado, se perde do outro. As estruturas nervosas recobertas de mielina são menos plásticas e se regeneram cada vez mais lentamente. Em caso de traumas e lesões, é cada vez mais difícil recuperar as funções perdidas. Também nesse caso, a plena funcionalidade na idade reprodutiva é alcançada às custas do estado de saúde das idades sucessivas, pois a mesma disposição genética que leva à maturação do sistema nervoso no momento oportuno vai se revelando cada vez mais desvantajosa, acabando por penalizar o indivíduo na idade avançada.

Esses são apenas dois exemplos escolhidos entre os mais simples e fáceis de explicar, mas existem infinitas características biológicas, controladas pelo patrimônio genético de cada um de nós, que conferem uma pequena ou grande vantagem até uma certa idade e uma pequena ou grande desvantagem durante todo o tempo que virá depois, desvantagem que tende, em geral, a aumentar com o passar dos anos.

Uma das perguntas que me fazem com frequência é se não seria possível modificar o mecanismo de ação da seleção natural, de modo a "educá-la" a cuidar também do que nos acontece depois. Definitivamente não: seria uma contradição em termos. Toda a sua ação se reduz a criar as condições para que os vários organismos deixem um certo número de descendentes diversos e isso só pode acontecer na idade reprodutiva. O que se pode fazer é retardar o processo – como, na realidade, já estamos fazendo –, mas para perceber o efeito disso, mesmo admitindo que ele se verifique em todos os indivíduos e em todo o mundo, precisaremos de centenas de milhares, senão milhões de anos. Não adianta esperar por isso. Os mecanismos biológicos não podem mudar tão rapidamente quanto os culturais.

Então somos completamente impotentes? Claro que não. É possível fazer muitíssimas coisas e isso, aliás, já está acontecendo: o objetivo deste livro é exatamente esclarecer a natureza e o alcance desses esforços, para que você possa compreendê-los e apreciá-los melhor quando for adulto. Mas vamos esquecer os milagres: o envelhecimento pode ser retardado, mas não perderá suas características essenciais e, sobretudo, a sua motivação biológica.

Depois de contar por que envelhecemos, vamos falar de como envelhecemos. Essencialmente, os seres vivos são máquinas que, com o passar do tempo, começam a se desgastar, a se consumir, ou seja, a perder um pouco de controle. Mas, ao contrário delas, que quando se desgastam precisam ser levadas para o conserto, o corpo dos animais e das plantas, dentro de determinados limites, se autorregerenera: as feridas cicatrizam, as inflamações se atenuam e se acalmam, as estruturas alteradas são reconduzidas ao arranjo normal e, dentro dos limites do possível, todas as eventuais perdas de controle são reconduzidas à ordem. O problema é que, enquanto o desgaste é constante e progressivo – ou seja, depende fundamentalmente da passagem do tempo –, a obra de reparação é muito eficiente quando somos crianças, bastante eficiente na idade reprodutiva e cada vez menos eficiente na segunda parte da vida.

Nos últimos trinta anos aprendemos que os diversos mecanismos de reparação, considerados em sua totalidade, são controlados pelo genoma, ou seja, são regulados em sua eficiência e presteza por um certo número de genes que podemos chamar de genes do envelhecimento ou da maturação, mas também, de uma maneira mais geral, de genes da vida. De fato, a vida é um processo contínuo que dividimos, apenas para efeitos de comodidade expositiva, em crescimento, amadurecimento e envelhecimento, mas que, em sua complexidade, é uma batalha para viver e para sobreviver que ocupa um arco temporal mais ou menos longo.

Conhecemos pelo menos uns trinta desses genes e é interessante notar que a maior parte deles não foi descoberta nos seres humanos e nem mesmo nos mamíferos, mas em organismos muito distantes de nós na linha evolutiva como as mosquinhas-das-frutas, alguns pequenos vermes elementares ou até o levedo, que é um organismo unicelular. Isso mostra, *en passant*, por que é interessante, a longo prazo, pesquisar também esses organismos e o quanto é míope financiar apenas os projetos que parecem ter uma função aplicativa imediata no ser humano que, além do mais, acabam na maioria das vezes em um retumbante fracasso.

Através do estudo desses organismos identificamos um certo número de genes que controlam a eficiência dos mecanismos de reparação. Se decidíssemos modificar alguns desses genes, como já foi feito em organismos relativamente simples, a vida poderia se alongar em dezenas e dezenas de anos de uma só vez: uma mudança realmente radical. Falaremos do assunto mais adiante, pois é uma perspectiva que exige um pouco mais de atenção. Mas é bom que você, que vai viver cem anos, saiba desde agora da existência dessa possibilidade.

Partindo dessas premissas, como explicar o fato de que a duração da vida vem aumentando progressivamente nas últimas décadas? Isso só aconteceu e ainda acontece graças a uma série de pequenas, mas significativas, mudanças do nosso estilo de vida: lavamos as mãos com sabão; não estamos infestados de parasitas; as doenças infecciosas diminuíram de maneira drástica, sobretudo na infância; comemos de maneira mais contínua e balanceada; vivemos, e sobretudo trabalhamos, em condições que muitas vezes consideramos estressantes, mas que são paradisíacas em relação às condições dos trabalhadores de cem ou duzentos anos atrás. E, acima de tudo, executamos uma série de pequenas "correções de rumo" em nosso corpo através da medicina e da cirurgia atual, que deram passos gigantescos até mesmo em relação a cinquenta anos atrás.

Os demógrafos subdividiram as causas do prolongamento da vida humana em duas categorias principais: uma que foi muito importante para o Ocidente no passado, e ainda hoje o é nos países em desenvolvimento, e outra que está em ascensão progressiva em nossa sociedade. No passado, na época que vai do início do século XX até a década de 1960, mais ou menos, o prolongamento da vida decorreu sobretudo da drástica redução da mortalidade infantil até os 4 anos de idade, que até então era muito alta. Até o final do século XIX, um recém-nascido em cada quatro não chegava ao primeiro ano de vida, e um em cada três não sobrevivia ao quinto aniversário. As mulheres precisavam gerar dez, quinze filhos para conseguir levar dois ou três à idade reprodutiva. Hoje, à parte alguma exceção infeliz, a grande maioria dos filhos chega à idade adulta. Nos últimos cinquenta anos, esse progresso se consolidou e foi acompanhado de outras mudanças, de outros progressos.

A medicina atual também nos ajuda na segunda parte da vida, através do diagnóstico e da prevenção das mais diversas doenças, através dos mais variados procedimentos e tratamentos, reparando ou substituindo partes lesionadas ou desgastadas do nosso corpo. Isso quer dizer que prevenimos muitos danos que no passado eram inevitáveis; reduzimos os efeitos negativos daqueles que, apesar de tudo, sofremos e, às vezes, até regeneramos algo que é ou nos parece envelhecido ou não muito jovem.

Em nosso mundo, o impulso derivado da redução da mortalidade infantil está quase exaurido – embora só possamos desejar que a tendência continue e até melhore – e estamos vivendo plenamente os efeitos dos progressos da medicina que trata da maturidade e da idade avançada. Ainda sem tocar nos genes da longevidade ou à espera de que isso aconteça, somos testemunhas de avanços cotidianos das ciências e das técnicas biomédicas que permitem envelhecer mais lentamente e viver mais tempo. Em 1950, um homem de 80 anos tinha 12% de chances de chegar aos 90, e uma mulher, 15%. Hoje essas chances mais do que dobraram e são, respectivamente, de 28% e 42%. Boa parte do que vou contar neste livro, dirá respeito exatamente aos progressos que estamos fazendo no controle dos fenômenos degenerativos com o objetivo de proporcionar uma velhice não apenas mais longa, mas também de melhor qualidade.

Como você vai ver, não existem na verdade conselhos específicos para uma vida saudável, mas esta é a minha receita pessoal para viver bem: comer de tudo, com moderação; fazer exercícios físicos sem exagero, e usar o cérebro sem moderação.

O ALFABETO QUE NOS GOVERNA

Para começar, vamos examinar justamente o que aconteceu e está acontecendo no campo biomédico, iniciando com as doenças hereditárias ou que tenham um determinado componente hereditário.

Os maiores triunfos da medicina, senão da ciência em geral, nos últimos cinquenta anos, aconteceram no campo da genética. A biologia foi durante séculos a gata borralheira das ciências: quando a física dominava e a química já produzia resultados tangíveis, ela ainda era uma disciplina para alguns poucos apaixonados, a ponto de ser comparada, por alguém com talento de piadista, com uma atividade para colecionadores, como juntar selos ou borboletas. Mas a situação começou a se modificar, pouco a pouco, a partir do começo do século passado e cada vez mais nos últimos cinquenta anos. Muitas de suas descobertas começaram a fazer parte da vida cotidiana, tanto que hoje é difícil ter uma noção clara de todos os progressos realizados. Basta pensar que em 1943 não sabíamos o que eram os genes, e um grande cientista, como o físico austríaco Erwin Schrödinger, levantava hipóteses interessantíssimas, mas totalmente infundadas, sobre sua natureza no livro *O que é vida?*, que ainda assim é uma obra excepcional.

Em pouco mais de sessenta anos, descobrimos o que são os genes, como funcionam e até como podem ser modificados. A primeira lição é muito simples e já vimos qual é: o segredo da vida consiste no fato de que todos os organismos vivos carregam em cada célula o conjunto de suas instruções de uso, sob forma de um texto linear, escrito com um alfabeto semelhante ao dos nossos livros, mas composto por apenas quatro letras.

É bom sublinhar que a função dos genes é totalmente positiva. Em seu estado normal, nos fazem viver da melhor forma e nos mantêm saudáveis. Só acarretam disfunções ou doenças propriamente ditas quando são alterados, ou seja, mudados. No entanto, justamente porque os genes alterados são mais fáceis de estudar, as principais descobertas científicas foram feitas a partir das doenças, identificando os genes responsáveis por algumas patologias, em particular as doenças hereditárias humanas. Isso deu lugar a um mal-entendido que precisa ser esclarecido rapidamente, pois teve um efeito notável sobre a percepção que o grande público tem das ciências e em particular da genética, causando grande desconfiança em relação aos genes e às suas modificações.

Quando os jornais falam do gene da anemia falciforme, da fibrose cística, do tumor no seio ou da distrofia muscular, dão a impressão de que cada gene mencionado é responsável por um dano. Na realidade, o gene da fibrose cística só causa a doença quando sofre uma mutação, mas em condições normais contribui com todos os outros para a nossa saúde. Quando o gene da distrofia muscular sofre mutação, ele pode causar essa horrível doença, mas em condições normais não apenas não causa distrofia, como permite que o indivíduo possua músculos vigorosos e ágeis. Deveríamos, portanto, falar de gene da *não*-fibrose cística e da *não*-distrofia muscular ou do *não*-daltonismo, mas tal terminologia soaria meio ridícula. Continuaremos então a chamá-los como sempre fizemos, mas lembrando que os genes têm um papel positivo, ou melhor, essencial para a nossa vida, e não negativo: só se tornam negativos naqueles casos raros em que são atingidos por alguma mutação que altera sua natureza.

Graças ao estudo das patologias humanas e dos defeitos genéticos presentes em animais animais muito distantes do homem, como a mosquinha-das-frutas ou até mesmo os fungos e levedos, começamos, algumas décadas atrás, a identificar certos genes, ou seja, o texto correspondente a uma instrução de uso específica e a entender como são herdadas e como funcionam. Com o passar dos anos, o número dos genes identificados foi aumentando até a metade dos anos 1980, quando se começou a pensar em analisar a sequência completa de todo o patrimônio genético: a partir do ano 2000 até agora foi estabelecida, contando com um esforço internacional realmente louvável, a sequência completa do genoma da nossa espécie e de muitas outras, mais ou menos próximas de nós.

No caso do homem, por exemplo, a sequência completa das letras A, G, C, T, que compõem o genoma humano, está disponível na internet para quem quiser consultar. Não faria sentido imprimi-la, pois só para ler toda a sequência em voz alta seriam necessários oitenta anos, mas faz sentido oferecê-la trecho por trecho na tela de um monitor, haja vista a enorme difusão dos meios de comunicação online. O resultado fundamental é que hoje não é mais preciso determinar a cada vez a sucessão dos nucleotídeos de um determinado gene, pois basta consultar o genoma completo e procurar aquele que interessa.

A decifração do genoma mudou completamente a ótica do discurso a esse respeito. Antes, estudávamos cada instrução, ou melhor, cada gene, separando-o dos outros. O genoma era definido, então, como o conjunto de todos os genes. Agora, ao contrário, o centro de nossas afirmações e considerações é o próprio genoma, pois o que transmitimos aos nossos filhos que, por sua vez, transmitirão aos seus filhos, não são os genes separadamente, mas o genoma em seu todo. Na teoria, deveríamos falar sempre de genoma, mas ele é tão grande que acabamos falando em termos deste ou daquele gene.

Nessa ótica, os genes representam os capítulos, cada um com sentido completo, em que o texto do genoma pode ser mentalmente subdividido. É preciso destacar, porém, que a relação entre genes e genoma não é assim tão simples, pois os genes cujas funções conhecemos representam apenas 30% do próprio genoma. Até o momento, ainda desconhecemos 70% do DNA contido em nossas células.

Para os nossos objetivos, é portanto mais indicado falar de genes e sobretudo daqueles que conhecemos melhor. Um gene médio contém alguns milhares de nucleotídeos; através de um mecanismo chamado de *tradução* desses milhares de nucleotídeos, extrai-se uma proteína composta por algumas centenas de aminoácidos. Os nucleotídeos são apenas quatro: A, G, C e T; as proteínas são feitas de aminoácidos que, por sua vez, são vinte. Para codificar vinte aminoácidos com apenas quatro letras, basta combinar três de cada vez: três nucleotídeos, ou seja, um códon, codificam um determinado aminoácido. Se fizermos as contas, veremos que os códons possíveis são 64: bem mais de vinte, portanto. Como se realiza então a correspondência? A natureza conferiu ao código genético uma propriedade que se chama *degeneração*. Dizemos, de fato, que o código genético é degenerado. Isso significa que, enquanto um determinado códon só especifica um aminoácido – ai de nós se não fosse assim! –, um determinado aminoácido pode ser codificado por mais de um códon: dois, três, quatro ou até seis códons diversos.

Também existem códons que não codificam nenhum aminoácido, mas são sinais de *stop* ou códons de parada, ou seja, indicam o fim da proteína. Dos 64 códons possíveis, três indicam o fim da tradução e 61 codificam os vinte aminoácidos existentes em todas as proteínas do mundo: um procedimento trabalhoso, mas muito eficaz.

É bom notar que, nos jornais e nas conversas cotidianas, falamos quase sempre de código genético como sinônimo de patrimônio genético ou genoma, entendendo o "código" como um grande e talvez precioso livro. Na realidade, o código genético em sentido estrito não passa de uma tabelinha de correspondências, como qualquer código. O código genético é universal, ou seja, todos os seres vivos neste planeta usam a mesma tabelinha de conversão: ATG, quer dizer sempre metionina; TTT, sempre fenilalanina; TGA sempre quer dizer "parada", ou seja, o fim da cadeia. Esse é um dos argumentos mais poderosos a favor da teoria da evolução e, em particular, da descendência de todos os organismos de um antepassado comum: seria absolutamente impossível explicar como é que todos os seres vivos usam o mesmo código genético (ver quadro no final deste capítulo) a não ser através do fato de que todos derivam de um mesmo grupo de indivíduos e que algumas soluções se mantiveram invariáveis nos milhões e milhões de anos que se passaram desde então.

Provavelmente, o nosso código genético poderia ser diferente do que é. Não fomos capazes de encontrar nenhuma razão de natureza física ou química que explique por que ATG teria que codificar a metionina, TTT a fenilalanina, etc. Ou seja, acreditamos que tal correspondência não é necessária, mas de natureza arbitrária – como os nomes das coisas em cada língua, maçã, *mela, pomme, apple, Apfel* – e contingente – é assim, mas poderia não ser assim – sem dano para ninguém.

Então, por que o código genético é esse e não um outro? Provavelmente por puro acaso. Num período histórico muito remoto essa tabelinha de correspondência entrou em uso e nunca mais mudou, até hoje e para todos os seres vivos da Terra.

Uma mudança comportaria uma trágica hecatombe: se o código genético mudasse de repente, inúmeros organismos deixariam de existir, talvez todos. Trata-se de um exemplo clássico daquilo que os biólogos chamam de "acidente congelado" (em inglês *frozen accident*, significando na realidade "evento acidental congelado"): um evento que se apresentou pela primeira vez por acaso e se manteve inalterado para sempre, já que não surgiu nenhum motivo válido para mudança.

Nessa, como em várias outras convicções, pode ser que estejamos enganados. Mas não há muito a fazer para resolver esse problema, a não ser esperar que um dia encontremos uma outra forma de vida presente no universo para estabelecer uma comparação: se os dois códigos genéticos, admitindo-se que existam, forem idênticos, então nos enganamos e existe alguma razão séria, que nos escapou, para que o código seja exatamente esse; se os códigos forem diferentes, nossa hipótese se confirma. Mas temo que ainda vamos ter de esperar muito tempo e talvez nunca venhamos a saber.

O DNA é precioso: para cumprir sua missão não pode ser quebrado ou alterado de jeito nenhum e, portanto, repousa cuidadosamente guardado dentro do núcleo da célula. Mas as proteínas se constroem fora desse núcleo, naquele espaço gelatinoso que chamamos de citoplasma. O processo é muito simples: constrói-se uma cópia de RNA do trecho de DNA que se quer usar num determinado momento, à qual se dá justamente o nome de RNA mensageiro. O RNA é um outro ácido nucleico, primo do DNA, mais versátil, porém mais frágil que este último. Esta cópia, que obviamente tem de ser perfeita, sem erros, sai em seguida do núcleo, passa para o citoplasma e dirige a síntese da proteína em questão. A passagem do DNA para o RNA mensageiro se chama *transcrição*, enquanto a passagem do RNA mensageiro para a proteína se chama *tradução*.

Esse é o núcleo central da ação dos genes. Se ou quando um gene não está ativo, não é usado para receber uma cópia de RNA mensageiro: nesse caso, não haverá nenhuma produção da proteína correspondente.

Pode parecer surpreendente que a única função de um gene seja codificar uma proteína. No entanto, a ampla maioria dos genes cuja natureza conhecemos se limita a isso.

Obviamente, tais processos não acontecem todos juntos em cada célula; do contrário, reinaria uma enorme confusão. Cada gene dá origem à proteína correspondente numa determinada célula e num determinado momento. O instrumento através do qual se decide qual gene especifica a sua proteína, onde e quando, chama-se *regulação gênica* e é objeto de estudos em todos os laboratórios do mundo. De fato, é fundamental que um gene esteja "ligado" quando deve estar "ligado", mas sobretudo que esteja "desligado" quando deve estar "desligado".

Vejamos um exemplo. As células do nosso cérebro contêm, como todas as outras células do corpo, os genes capazes de sintetizar a hemoglobina. No entanto, se de uma hora para outra uma célula cerebral começasse a produzir hemoglobina seria um desastre: deixaria de funcionar como célula nervosa e provavelmente morreria, com danos gravíssimos para o indivíduo. Por isso, os genes da hemoglobina contidos nas células do cérebro devem permanecer inativos, ou seja, em repouso ou silenciosos, assim como os que estão presentes no tecido ósseo ou no fígado: devem estar ativos apenas nos glóbulos vermelhos e nas células de onde se originaram, os reticulócitos.

Mas existem situações ainda mais singulares. Basta pensar nos genes da lactação, a produção e a secreção de leite da mulher após o parto. Tais genes só têm serventia nas mulheres, em determinados períodos da vida e, em alguns casos, nunca. Jamais, obviamente, nos homens, embora estejam presentes em todas as células dos machos: logo, não podem nunca estar ativos nos homens e, mesmo nas mulheres, devem estar ativos apenas em algumas células e no período oportuno. É necessário, portanto, que sua atividade seja rigidamente controlada, sempre e em toda parte.

Isso dá uma ideia da riqueza do nosso patrimônio genético, mas também de sua superabundância. Nada pode faltar, mesmo que não vá ser usado nunca. Temos de transportar em nosso genoma tudo aquilo que poderia ser útil – talvez uma única vez, talvez apenas no outro sexo – a despeito de nossa natureza específica e de nossa condição. A natureza deve pensar em tudo, até nas eventualidades mais improváveis e remotas: só aquilo que não será útil é eliminado do genoma durante o processo evolutivo que leva a uma determinada espécie.

Também existem genes ativos quase sempre. São poucos milhares e são chamados de "genes-referência" (*housekeeping genes*) porque desenvolvem o trabalho fundamental, cotidiano, necessário para a vida de todas as células: a respiração, a nutrição e a duplicação. É maravilhoso como a extraordinária complexidade de um ser vivo se baseia em princípios tão simples. Mas trata-se de uma simplicidade que exigiu anos e anos de pesquisa – e que pesquisa! – para ser compreendida.

O Código Genético

TTT fenilalanina	CTT leucina	ATT isoleucina	GTT valina
TTC fenilalanina	CTC leucina	ATC isoleucina	GTC valina
TTA leucina	CTA leucina	ATA isoleucina	GTA valina
TTG leucina	CTG leucina	ATG metionina	GTG valina
TCT serina	CCT prolina	ACT treonina	GCT alanina
TCC serina	CCC prolina	ACC treonina	GCC alanina
TCA serina	CCA prolina	ACA treonina	GCA alanina
TCG serina	CCG prolina	ACG treonina	GCG alanina
TAT tirosina	CAT istidina	AAT asparagina	GAT aspártico
TAC tirosina	CAC istidina	AAC asparagina	GAC aspártico
TAA STOP	CAA glutamina	AAA lisina	GAA glutâmico
TAG STOP	CAG glutamina	AAG lisina	GAG glutâmico
TGT cisteína	CGT arginina	AGT serina	GGT glicina
TGC cisteína	CGC arginina	AGC serina	GGC glicina
TGA STOP	CGA arginina	AGA arginina	GGA glicina
TGG triptofano	CGG arginina	AGG arginina	GGG glicina

O DESTINO ESCRITO NOS GENES

As doenças hereditárias derivam de alterações – que já estão presentes desde o momento do nascimento – na sequência de um ou mais genes. Um gene alterado pode deixar de produzir a proteína que codifica ou, mais raramente, produzir uma quantidade maior do que a necessária; porém, na imensa maioria dos casos, ele produz uma versão um pouco diferente da correta. Essas três eventualidades estão na origem de todas as doenças hereditárias, que dependem da disfunção de um único gene e são, portanto, chamadas de *monofatoriais*: graves como a fibrose cística, a distrofia muscular ou a anemia falciforme, mas também leves como o daltonismo ou o albinismo.

É importante notar que, se os genes não se alterassem nunca, precisaríamos de muito mais tempo para descobri-los e compreendê-los, mas sobretudo a evolução não teria acontecido, pois ela é produto de mutações, ou seja, de alterações dos genes. A mutação é parte integrante do processo da vida e de sua história. À parte as que podem ser consideradas leves como o daltonismo e o albinismo, as mutações são, do nosso ponto de vista, como pacientes, graves ou gravíssimas. No entanto, cinquenta anos atrás, um diagnóstico de doença hereditária equivalia a uma condenação à morte ou, no melhor dos casos, a uma vida de sofrimentos. Hoje, ao contrário, a medicina progrediu tanto em todos os campos que é possível levar uma vida quase normal, mesmo no âmbito profissional e, seja como for, radicalmente diferente do que era no passado.

O homem não se contentou em compreender a natureza e a função dos genes, mas quis aplicar seus conhecimentos de uma forma que gerassem resultados práticos, isolando e modificando os próprios genes. Para isso, teve de aprender a identificar, isolar, cortar, reconstituir e, por fim, a reintroduzir os genes nas próprias células.

Identificar um gene não é fácil, só aprendemos a fazer isso na metade dos anos 1970, o que representou uma nova era para a biologia, em particular para a biologia molecular. Antes dessa revolução, que inaugurou a era da chamada engenharia genética, não era possível estudar singularmente os genes dos animais superiores. Só era possível trabalhar com bactérias e seus vírus ou com fungos elementares. Daí em diante, tornou-se possível estudar o DNA de todos os animais, em particular o do homem, com relativa facilidade.

A capacidade de identificar genes singulares, mesmo no interior de um genoma que contém dezenas de milhares deles, conduziu, como primeiro e fundamental resultado, à análise genética das pessoas e ao diagnóstico genético. Mesmo partindo de uma pequena quantidade de sangue e tendo uma ideia aproximada de que dano genético o indivíduo poderia apresentar, é possível verificar se o dano existe realmente e de que tipo é, ou seja, se o gene está alterado desde o início, no meio ou no final de sua sequência. Cada um desses casos levará a uma patologia diferente, isto é, pertencente a um subtipo diferente, que muitas vezes exige tratamentos ou conselhos de vida um pouco diferentes.

Dispomos hoje dos instrumentos para efetuar um diagnóstico genético de quase todas as doenças hereditárias monofatoriais.

Em 1968, quando comecei a trabalhar com biologia, havia apenas um vago conhecimento de dois ou três genes causadores de doenças. Isso dá uma ideia do que aconteceu nos últimos quarenta anos. Num adulto, o diagnóstico serve para identificar de modo irrefutável a existência de uma mutação causadora de uma patologia específica – sem ambiguidade: a mutação existe ou não existe – e para coletar informações seguras sobre o tipo de mutação, a fim de direcionar os tratamentos adequados.

No entanto, mais importante ainda é o fato de que o diagnóstico genético pode ser efetuado desde muito cedo: numa criança, num feto ou até num embrião ainda não implantado no útero materno. Depois de verificar que um feto tem uma doença hereditária monofatorial muito grave, pode-se tomar a decisão de interromper a gravidez.

O grau máximo de previdência nesse campo consiste no diagnóstico pré-natal pré-implante, ou seja, efetuado antes que o embrião esteja implantado no útero materno, quando ainda é constituído por pouquíssimas células. Bastam oito, pois, por mais estranho que pareça, é possível retirar uma dessas células, analisá-la do ponto de vista genético, descobrir se determinado gene é normal ou apresenta mutações e, eventualmente, dar ou não continuidade ao crescimento das outras sete células. A retirada de um célula não comporta nenhum dano para o futuro ser vivo, pois sete células (ou até seis) são capazes de dar origem a um indivíduo perfeitamente normal.

Naturalmente o diagnóstico genético se refere aos primeiros meses de gravidez, e o diagnóstico pré-implante implica o recurso à fecundação assistida. Quando a história clínica dos genitores indica a possibilidade de que o concepto tenha uma doença invalidante, é possível recorrer à fecundação *in vitro*, dando origem a um certo número de embriões precoces e analisando-os para implantar somente os sãos.

Para entender bem qual é o campo de aplicação do diagnóstico pré-natal ou mesmo pré-implante é preciso considerar que somos geneticamente diplóides, ou seja, possuímos duas cópias de cada cromossomo, isto é, de cada gene. Na maioria dos casos, apresentar mutação em só uma dessas cópias, ou seja, ser *heterozigótico* no que diz respeito a este gene, não comporta nenhuma patologia manifesta. Dizemos que os indivíduos em questão são *portadores sãos* daquela doença ou mutação. No entanto, se apresentar mutação nas duas cópias presentes em seu genoma – sendo, portanto, um indivíduo *homozigótico* para aquela mutação –, ele sofrerá o efeito da doença em questão. Quando os dois genitores são heterozigóticos para o mesmo gene – ou seja, só apresentam uma cópia alterada desse gene específico –, em quatro filhos, um provavelmente será portador da doença, dois não serão doentes, mas portadores sãos e um será perfeitamente são.

Vamos usar o exemplo concreto da talassemia, uma gravíssima doença hereditária que afeta o sangue e é muito frequente na Itália. Os genes da talassemia são muito difundidos nas regiões onde a malária foi endêmica, por exemplo, no Ferrarese e nas áreas costeiras da Sardenha. Nessas áreas, a malária ceifou milhares e milhares de vidas – ainda hoje, é uma das doenças que causa mais mortes no mundo. É importante compreender por que se observa uma enorme abundância de genes que produzem talassemia (e anemia falciforme) nas zonas maláricas.

Por um estranho fenômeno, os indivíduos heterozigóticos, ou seja, portadores sãos para os genes dessa doença, são mais resistentes à infecção por malária do que os indivíduos normais

– aqueles que não portam nenhuma mutação nos ditos genes –, e adoecem menos. Nessas terras, a malária – que tem uma mortalidade mais alta do que as doenças hereditárias – produziu na época um número elevado de heterozigóticos para os genes em questão, pois os homozigóticos obviamente morrem muito jovens de talassemia ou anemia falciforme. Esta é uma das estranhezas reveladas pela análise genética de tais populações.

Nessas áreas, o diagnóstico genético pode desempenhar um duplo papel, e realmente desempenhou no passado recente. Pode acima de tudo identificar e indicar quem é portador da mutação em questão e quem não é. Nesse caso, não se faz uma análise extensiva e "às cegas", pois já se sabe o que procurar ou pelo menos o que é mais provável encontrar: uma mutação no gene que pode levar à talassemia. Identificam-se assim os portadores sãos que, em geral, são assintomáticos.

Duas intervenções são possíveis nesses casos. Em primeiro lugar, é possível "avisar" um casal de namorados ou noivos que ambos são portadores sãos da mutação e que, portanto, um quarto de seus filhos poderia ser afetado pela patologia. Isso poderia alertá-los sobre as eventuais implicações de uma gravidez. Se, mesmo assim, eles resolvessem ter filhos, o diagnóstico poderia ser aplicado aos fetos nos primeiros meses da gestação. O diagnóstico pré-natal, do líquido amniótico ou dos chamados vilos coriais, pode efetivamente identificar os fetos sãos, os fetos heterozigóticos – portanto, assintomáticos – e os fetos doentes, para que se possa optar eventualmente por uma interrupção da gestação.

O diagnóstico genético pré-natal pode, portanto, aconselhar os futuros genitores a interromper uma determinada gravidez e não uma outra. Naturalmente, não se trata de uma imposição: eles podem resolver enfrentar o risco – e às vezes a certeza – de ter um filho doente. A decisão a esse respeito cabe apenas à consciência de cada um.

Graças à utilização de técnicas cada vez mais sofisticadas e a esses novos conhecimentos, a incidência da doença na Itália – mas também em Chipre e outros países nos quais a talassemia é muito difundida – tornou-se cem vezes menor do que no passado. No caso de Chipre, quem se mobilizou foi o próprio clero, divulgando as informações necessárias no púlpito e convidando os noivos a submeterem-se à análise.

Naturalmente, algumas doenças genéticas são de pouca relevância: ninguém pensaria em interromper uma gravidez para não dar à luz um filho albino. Outras, ao contrário, são muito graves. No grande debate sobre a interrupção de gravidez em todo o mundo, e em particular na Itália, muitas vezes não se considera o fato de que algumas patologias são invalidantes e obrigam a uma vida difícil, às vezes até martirizante. Muitas vezes, trazer à vida um indivíduo doente equivale a condená-lo a uma vida de tormentos terríveis. Mas estabelecer a legitimidade de uma escolha certamente não é tarefa da ciência, mas sim da sociedade.

O diagnóstico genético e os progressos da medicina mudaram radicalmente o quadro das doenças hereditárias, mas não o subverteram completamente porque, infelizmente, existem mutações que não se anunciam, ou seja, que não são herdadas dos pais. Entre elas, a mais terrível talvez seja a distrofia muscular. Trata-se da mutação de um gene enorme: a extensão de um gene é, normalmente, de alguns milhares de nucleotídeos, o da distrofia muscular tem 2 milhões de nucleotídeos de extensão e é, portanto, um alvo relativamente fácil para mutações. Por razões que ainda nos escapam, ele é muito exposto a mutações de letras, mas também ao desaparecimento de pedaços inteiros do gene. O resultado é que somente 65% dos doentes herdou a doença. Em quase um terço dos casos, ela não é hereditária, mas aparece desde o início nos indivíduos afetados, ou seja, formou-se nas células da linha germinal, que levam diretamente aos gametas: espermatozoides no pai e óvulos na mãe. Nessas tristes circunstâncias, o diagnóstico genético só pode ser confirmativo, não preventivo. Uma criança sã até os 2 ou 3 anos começa de repente a apresentar dificuldade para se manter de pé, tem problemas musculares e em seguida vai piorando aos poucos até morrer de paralisia respiratória.

A distrofia muscular mais difundida, chamada de Duchenne, muitas vezes associada a mutações iniciais, atinge sobretudo os homens. O motivo é simples: o gene em questão se encontra no cromossomo X, um dos cromossomos femininos. As mulheres possuem dois deles e são, portanto, XX, enquanto os homens têm apenas um e são XY, pois carregam junto ao X um cromossomo Y, que é típico da masculinidade. As mulheres possuem, portanto, duas cópias do gene em questão e só manifestam a doença se ambas as cópias estiverem alteradas, o que raramente acontece. Os homens, ao contrário, só possuem uma cópia e se ela apresenta mutação não há saída, eles terão a doença. Existem outros defeitos genéticos – como, por exemplo o daltonismo, que é a cegueira para as cores do eixo vermelho-verde – que atingem predominantemente os homens. Falamos, nesse caso, de hereditariedade ligada ao sexo, mas seria mais apropriado falar de hereditariedade ligada ao cromossomo X.

Ele tem algumas centenas de genes, entre os quais alguns ligados à linguagem e a diversos componentes da inteligência. Estes genes podem, obviamente, ser alvo de várias outras mutações, tendo como resultado que sobretudo os homens serão afetados pela doença genética correspondente.

Mas, excetuando-se o surgimento de novas mutações, como no caso da distrofia muscular de Duchenne, a introdução das técnicas de diagnóstico genético mudou o quadro da clínica em todo o mundo, tanto é que na esmagadora maioria dos países – na realidade, dos países mais desenvolvidos – um certo número de análises são feitas rotineiramente.

Se a primeira aplicação prática dos conhecimentos sobre o DNA levou ao diagnóstico genético, a segunda fez com que aprendêssemos a cortar e reconstituir o DNA e, portanto, os genes, para realizar experimentos e, eventualmente, para construir células ou organismos inteiros com determinadas características. Essa técnica nunca foi aplicada em seres humanos: de fato, mais de trinta anos atrás, no início da era da engenharia genética, os cientistas se reuniram e decidiram que os genes nas células da linha germinal não poderiam ser modificados na espécie humana. Mas isso se faz rotineiramente nas plantas e em vários animais de laboratório – da mosquinha-das-frutas ao rato –, com enorme facilidade.

No homem, só se modifica o DNA no interior de células específicas, as células do corpo, chamadas por isso mesmo de somáticas. Essa modificação controlada de genes específicos ganhou o nome de terapia gênica, a maior esperança de cura radical dos defeitos genéticos.

Qual é o objetivo dessa técnica excepcional? Pode acontecer que um certo distúrbio ou mesmo uma patologia grave tenham como causa o fato de que, em determinadas células do corpo, está se verificando uma alteração da produção da proteína codificada por um gene modificado. Essa alteração pode ser fatal para as células em questão, mesmo não tendo consequências sobre as outras. É o caso, por exemplo, de uma enzima denominada ADA, cuja ausência é fatal para um tipo de linfócitos T, pelo menos nos dez ou 12 primeiros anos de vida. Ora, esses linfócitos T são fundamentais para prevenir e controlar algumas infecções em particular: em sua ausência, o corpo é vítima fácil de todas essas infecções, com resultados muitas vezes fatais.

Há algum tempo, falou-se muito dessa patologia, chamada de "insuficiência imunitária hereditária grave", aquelas dos famosos *bubble babies*, as crianças da bolha, totalmente desprovidas desse sistema de defesa. No passado, quando se descobriu a doença, as crianças eram mantidas dez, doze anos em total esterilidade dentro de uma "bolha", sob pena de morrer. Passados os doze anos, a fisiologia dos linfócitos se modificava naturalmente e as crianças podiam sair para o ar livre.

Essa nova técnica permite introduzir nas células em questão uma cópia saudável do gene alterado, suficiente para compensar o defeito, pelo menos no momento. Facílimo de dizer, não tão fácil de fazer, pois uma célula na qual se introduz um gene estranho tende a expeli-lo, rejeitá-lo ou até (a partir do momento em que se tornaram capazes de evitar um reação semelhante) silenciá-lo: a célula "apaga" o gene em questão, o que é um grande inconveniente e retardou em muito o caminho da terapia gênica.

A única exceção a esse comportamento são os casos em que a célula morre se não possuir o gene ativo. Fazendo assim, as células que seguram o gene e o mantêm ativo se autosselecionam. É o caso justamente da patologia que acabamos de mencionar, devida à ausência da enzima ADA nos linfócitos T. Se o gene não está ativo, ao contrário, o produto não é criado e o linfócito morre, mas se a célula mantém e deixa o gene introduzido artificialmente agir, ela pode sobreviver.

No final dos anos 1980 foi feito um primeiro teste: introduziu-se nos precursores dos linfócitos T dessas crianças uma cópia saudável do gene ADA e elas realmente não manifestaram mais o defeito. Foi um enorme sucesso, e já no início dos anos 1990 foi realizado – em Milão, na Itália – o primeiro experimento europeu e o segundo em nível mundial. Mas continuou sendo um dos poucos casos em que a terapia funcionou sem problemas, pelo menos até hoje. Quando for resolvido o problema de obrigar a célula a manter e a fazer funcionar um gene vindo de fora, é muito provável que a terapia gênica tenha um uso generalizado em muitas outras patologias. Voltaremos ao assunto mais adiante, quando falarmos de células-tronco, pois, um dia, pode ser que a cooperação entre terapia gênica e tecnologia das células-tronco produza também, como resultado secundário, a afirmação, dessa vez definitiva, da terapia gênica.

Nem todas as doenças hereditárias dependem de um único gene: felizmente para o paciente, mas não para o geneticista, porque estudar uma patologia que envolve um único gene é bastante fácil, mas estudar uma doença multifatorial apresenta grandes dificuldades. As doenças hereditárias monofatoriais, isto é, aquelas que dependem de um único gene, são raras: não atingem 2% dos neonatos. A maior parte das patologias são multifatoriais, ou seja, envolvem a ação de diversos genes e também o estilo de vida da pessoa. Exemplos disso são o diabetes, a asma, a hipertensão e os tumores, sobre os quais voltaremos a falar.

Todos apresentamos predisposição para alguma doença multifatorial: alguns de maneira muito marcante, outros de maneira tão leve que o resultado é insignificante.

Podemos falar somente de predisposição, ou seja, de uma tendência que pode, mas não leva necessariamente a uma doença.

A genética das doenças multifatoriais é dificílima: até alguns anos atrás era absolutamente inconcebível, mas já deu alguns passos importantes graças ao aumento do conhecimento do genoma e aos progressos incríveis da informática, tanto no nível de *hardware*, quanto de *software*. Trata-se, de fato, de analisar muitas pessoas simultaneamente e de reunir todos esses dados para encontrar os genes responsáveis, que podem ser cinco, sete, dez ou até mais. Como a ação não é desenvolvida apenas por um gene alterado, mas deriva da concorrência de diversos genes, é claro que o acaso, as condições e o estilo de vida se revestem de uma importância fundamental.

De todo modo, foram identificados diversos genes – podem ser até centenas – que concorrem para o aparecimento de alguma das doenças multifatoriais. É um assunto pouco falado, pois a imprensa prefere citar um gene específico. Todas as nossas características biológicas mais importantes – altura, peso, pressão sanguínea, mas também a inteligência – derivam da ação combinada de muitos genes. No caso da inteligência, por exemplo, acreditamos que a maioria esmagadora dos genes que possuímos, que são dezenas de milhares, contribui um pouco ou muito para o nosso nível de inteligência. Nesse caso, uma genética que considere milhares de genes simultaneamente é impossível na prática.

É por isso que, apesar dos muitos rumores sobre o assunto, uma genética da inteligência ainda está fora do nosso alcance e talvez permaneça assim por muito tempo. Algumas características dependem de um número mais limitado de genes e, portanto, fica um pouco mais fácil estudá-las. No entanto, as mais importantes não dependem de um gene, de cinco ou mesmo de vinte, mas de um número altíssimo. Por isso, o caminho que leva dos genes à nossa aparência e ao nosso comportamento – características que se reúnem no termo "fenótipo" – é muito longo e estreitamente ligado ao curso de nossa vida, ou seja, àquilo que, em geral, chamamos de ambiente. Prefiro usar o termo biografia, pois ele representa aquela parte da ação do ambiente circundante e das condições de vida que dizem respeito ao indivíduo, enquanto o ambiente diz respeito a todos. Minha biografia revela se passei ou não por certa zona, se respirei ou não certo ar, se tive ou não certa doença ou certas relações com certas pessoas e assim por diante.

Cada indivíduo tem um genoma um pouco diferente dos outros. Um pouco diferente é um eufemismo: na realidade, dos 3 bilhões de nucleotídeos de que é composto o meu genoma, 3 ou 4 milhões são diferentes daqueles de qualquer outro ser humano (essa é a base sobre a qual, por exemplo, no âmbito jurídico, se reconhece a identidade ou a paternidade ou ainda a responsabilidade por um estupro ou por um assassinato).

Somos, portanto, diferentes, mas em sua esmagadora maioria tais diferenças não têm um efeito imediato: permanecem confinadas no âmbito da sequência nucleotídica do genoma e só emergem através de uma análise detalhada do DNA das pessoas, não da observação de seus corpos. Como acabamos de dizer, é sobre essa base que se pode distinguir com exatidão um indivíduo do outro. Elas constituem, em seu conjunto, uma espécie de "impressão digital" molecular que permite identificar com certeza até pessoas aparentadas entre si.

Mas essa impressão molecular também pode ser usada para outros objetivos – como, por exemplo, identificar as eventuais predisposições dos indivíduos a uma determinada doença multifatorial. Se tivéssemos que fazer isso analisando gene por gene, a operação exigiria muito tempo e muito dinheiro, mas é possível circunscrever o obstáculo dentro de certos limites, analisando de uma só vez todo o DNA de um indivíduo. Vejamos como.

Conhecendo a posição e a sequência dos genes implicados, foi possível registrar quais as diferenças presentes no DNA dos indivíduos associadas com maior frequência a tais genes. Trabalhando com grandes números e com bases estatísticas é possível, portanto, "sondar" todo o genoma de um indivíduo em busca dos sinais que indicam, com segurança ou com grande probabilidade, quais dos vários genes associados às diversas predisposições está presente naquela pessoa.

É altamente provável que, em breve, esse exercício seja realizado por meio da determinação direta da sequência nucleotídica de todo o genoma do interessado, mas no momento isso ainda exige muito tempo (e dinheiro). É, portanto, oportuno recorrer a esse truque que, se nem sempre diz tudo com segurança, pelo menos fornece indicações razoavelmente aproximadas e em pouco tempo. A técnica se desenvolveu tanto que muitas empresas privadas oferecem essa análise com rapidez e por cifras irrisórias. No entanto, duas considerações se fazem necessárias.

O método, bastante promissor, ainda não é perfeito e pode fornecer algumas indicações, positivas ou negativas, que não correspondem à realidade genética. É preciso, portanto, receber os dados fornecidos com uma certa reserva, ou seja, se for o caso, repetir a análise específica com outros métodos. De todo modo, é desaconselhável interpretar os dados sozinho ou com a ajuda de pessoas com pouco conhecimento específico. É preciso procurar um consultor genético que saiba examinar e explicar os dados. Só assim será possível extrair o máximo de vantagens dessa metodologia que, para o futuro, promete grandes avanços no diagnóstico, na prevenção e até no tratamento das patologias mais comuns.

Entre as características multifatoriais figura, obviamente, a longevidade, ou pelo menos o seu componente genético. Ultimamente, foram realizados muitos estudos com pessoas longevas e em particular com os centenários, para identificar que combinações de genes podem favorecer tal condição. O estudo mais extenso foi realizado no início de 2010 e envolveu mil centenários. Parece que é possível identificar cerca de vinte "assinaturas genéticas", ou melhor, combinações de genes que implicam, com um alto grau de confiabilidade – cerca de 80% – a previsão de uma vida excepcionalmente longa. Uma dessas combinações em particular, denominada C4, indicaria uma longevidade superior aos 106 anos. Os indivíduos portadores de uma dessas vinte combinações genéticas parecem, de qualquer jeito, predispostos a uma vida mais longa. Mais uma razão, creio eu, em favor da análise do próprio genoma, embora com todas as cautelas necessárias.

Quando nascemos, temos um certo genoma que, à exceção de alguma fatalidade, não nos condena a nada e também não nos envia de modo direto para nada: quase sempre, limita-se a "sugerir". Essa sugestão dos genes mistura-se às experiências de vida e esse conjunto concorre para formar nossas características físicas e psíquicas. Os genes agem durante toda a vida mas, com o passar dos anos, seu poder vai se tornando cada vez mais remoto e a biografia de cada indivíduo assume uma importância crescente.

É importante notar, porém, que certas mutações em alguns genes podem ser adquiridas durante a vida. Aquelas que até agora chamamos de mutações na realidade se denominam "mutações hereditárias germinais", com as quais nascemos e que são certamente as mais importantes. Algumas mutações, no entanto, se desenvolvem "no caminho" da nossa vida. Como envolvem apenas algumas células do corpo, receberam o nome de "mutações somáticas". São raras (mas não raríssimas) e também podem levar a patologias específicas, como veremos mais adiante. Mas não são herdadas: nossos filhos não serão portadores, pois elas não se tornam parte de nossos gametas.

Recapitulando, os genes são instruções específicas para viver que carregamos em cada uma das nossas células. Sua tarefa é garantir uma vida saudável, mas causam doenças quando sofrem mutações – ou seja, alterações – desde o nascimento ou a partir de um determinado momento da vida. Não agem apenas no momento da reprodução, mas estão sempre ativos, em todos os momentos de nossa jornada. Sua ação é essencial para algumas funções, importante para algumas e dispensável para outras.

Os genes têm grande influência quando são alterados, pouca ou nenhuma quando são regulares. É lamentável, mas existem algumas pessoas, felizmente poucas, para as quais uma ou várias mutações acarretam danos e enfermidades gravíssimas. Para elas, o gene em questão teria uma espécie de "direito de veto": não se pode fazer certas coisas e certos processos não poderão avançar. Para todos os outros, as instruções dos genes são apenas indicações a serem interpretadas e acionadas. Com uma pitada de sorte, é claro, e uma certa dose de cautela. Não se exige uma previsão, mas em todo caso, estar informado a respeito das próprias condições genéticas e dos progressos da medicina é melhor do que não estar. Até a sorte precisa de ajuda.

Continuando nesse tema, na primavera de 2010 a opinião pública foi sacudida por uma notícia que saltava de um jornal a outro: Craig Venter, o cientista-empresário americano que não era um estreante em anúncios bombásticos, informou que havia conseguido criar a vida artificial, esvaziando a célula de uma bactéria elementar de seu DNA e substituindo-o pelo DNA de uma bactéria igualmente elementar, mas de uma espécie diferente. Depois de algum tempo, a célula que recebeu o DNA estranho transformou-se completamente, tornando-se uma célula da espécie à qual pertencia o DNA transferido. O experimento já havia sido feito alguns anos antes, mas ficou a suspeita de que, junto com o DNA transferido, tivesse sido retirado algum outro elemento importante: proteínas, RNA ou o "princípio vital". Para afastar qualquer dúvida, daquela vez Venter e seus colaboradores sintetizaram quimicamente desde o início o DNA a ser inserido na nova célula, partindo de sua sequência nucleotídica armazenada, nucleotídio por nucleotídio, num computador.

Falou-se muito nas consequências práticas de tal experimento. O próprio Venter declarou que seu objetivo é produzir minúsculas bactérias-lixeiras, que possam, por exemplo, digerir o petróleo espalhado nos oceanos para limpá-los. Ou então dar vida a pequenas bactérias capazes de produzir biocombustível. Esperemos que tenha sucesso, mas por enquanto não é possível prever se e quando isso pode acontecer. Quarenta anos de biologia me ensinaram que muitas vezes aquilo que parece alcançável é muito difícil de realizar e aquilo que parece quase impossível se transforma em realidade num piscar de olhos.

No entanto, as implicações teóricas e conceituais do evento são enormes. Para um biólogo, já está claro há pelo menos cinquenta anos que não há nada de misterioso ou de mágico na vida: trata-se apenas de um jogo de moléculas. Para um leigo, ao contrário, as coisas não são tão claras, nem hoje em dia: para muitos crentes, mas também para a maioria dos chamados leigos, a vida continua a apresentar aspectos enigmáticos, inefáveis e inimitáveis. O experimento de Venter deveria ter provado, além de qualquer dúvida razoável, que não há na vida nada mais, nada menos do que uma série de instruções portadas pelo DNA e realizadas, com maior ou menor fidelidade, por uma célula de qualquer espécie. Ainda mais sensacional é o fato de que as informações contidas num DNA podem ser digitalizadas e armazenadas num computador, sem perder seu poder.

A filosofia grega e todo o pensamento ocidental sempre oscilaram entre os dois polos do mito e do *logos*. Contos fantásticos de um lado – com elementos supersticiosos de evidente ignorância – e racionalidade, compreensibilidade, analiticidade do outro. Segundo alguns, a filosofia grega, e a ciência que dela derivou, não é nada mais do que uma passagem triunfal do mito ao *logos*. Se pensarmos em nossos dias, não podemos deixar de notar que a essência da biologia foi sendo progressivamente compreendida, explicada, racionalizada e teve sua mensagem essencial digitalizada: o triunfo do *logos*. Acima de tudo, tentamos entender qual era a mensagem carregada pelo DNA, por qualquer DNA, de qualquer espécie; em seguida, essa mensagem foi isolada e purificada, determinando seu conteúdo informativo até os últimos detalhes. Por fim, ele foi digitalizado na memória de um computador, de onde pode ser retirado quando necessário. O experimento de Venter e seus colaboradores representa no momento o coroamento desse processo, mais do que muitos discursos e disputas filosóficas: o que é digitalizável é conhecível em sua inteireza e nós somos os protagonistas desse empreendimento.

Sempre haverá realidades que vivem no mito, mas deixemos pelo menos esta ao *logos* coletivo da evolução cultural humana.

RESISTIR ÀS INVASÕES INTERNAS

Quando se fala de uma "doença ruim" ou da doença por excelência, o pensamento voa ainda hoje para o tumor, conhecido também como câncer, termo que indicaria mais propriamente um tumor maligno que invadiu ou está prestes a invadir áreas diferentes do corpo. O termo tumor não se refere a uma única doença, mas a um complexo de mais de cem doenças que têm em comum o crescimento desregulado de algumas células em alguma parte do corpo. Etimologicamente, a palavra *tumor* significa inchação em latim, assim como *onco-*, o prefixo de muitos termos clínicos relativos aos tumores, significa a mesma coisa em grego: inchação. De fato, muitas vezes a inchação é o sintoma mais evidente da presença de um tumor: muitas células, crescidas de maneira anormal, se amontoam umas sobre as outras até formar a chamada massa tumoral que comprime os tecidos circundante. Essa massa pode atingir dimensões de até alguns centímetros antes de ser diagnosticada, embora isso fosse muito mais verdadeiro no passado do que hoje. O termo câncer se refere, ao contrário, ao aspecto que a irradiação de alguns tumores malignos assumem no interior do corpo, recordando a forma de um caranguejo (*cancer* em latim) estilizado.

Diferentemente das doenças infecciosas, que provêm do exterior, os tumores se desenvolvem a partir do interior, causados por uma alteração do funcionamento de alguns processos fisiológicos. Isso explica a dificuldade em combatê-los e a impossibilidade de nos livrarmos deles completamente, como acontece, ao contrário, com alguns agentes infecciosos.

As células do nosso corpo se multiplicam ininterruptamente, durante o curso da vida: algumas de maneira continuada, como as células do sangue, da pele ou da mucosa intestinal, que duram poucas semanas e depois são substituídas; outras só quando recebem uma ordem para fazê-lo, porque surgiu uma necessidade temporária, como no caso de um ferimento, por exemplo. Já vimos que a multiplicação e a substituição se tornam necessárias com grande frequência. Ai de nós se não fosse assim: não poderíamos viver. Mas tudo tem de ser regulado, de uma vez por todas ou de vez em quando, em resposta a sinais estabelecidos.

Quando algumas células, em alguma parte do corpo, deixam de seguir as ordens e continuam a se reproduzir sem regra, desenvolve-se um tumor. Pode envolver as células do sangue, e falaríamos então de leucemias ou linfomas, mas também as partes sólidas do corpo, e nesse caso falaríamos de carcinomas, sarcomas e similares.

Os tumores sempre existiram: foram identificados até no cérebro de algumas múmias egípcias. Mesmo assim, algumas pessoas estão convencidas de que se trata de uma doença recente, que vem aumentando continuamente. De fato, é verdade que a incidência tem crescido, mas isso acontece por um motivo muito simples que é, aliás, o argumento de onde partimos: a vida média está se alongando. Como a incidência de tumores aumenta com a idade (e mais adiante veremos as causas disso), se a vida média fosse de trinta anos, pouquíssimas pessoas desenvolveriam um tumor em toda a sua vida, porém, com o aumento da expectativa de vida, a possibilidade de desenvolvê-los cresce progressivamente.

Quando se fala de tumores em geral, compreendendo também os vegetais, observamos que eles podem nascer por ação de uma substância química que causa uma mutação ou por causa de um vírus (raramente no homem, com maior frequência nas plantas e nos animais domésticos) ou, por fim, como consequência de algumas anomalias cromossômicas. Por outro lado, alguns tumores têm uma tendência familiar, ou seja, são mais frequentes em certas famílias. Além disso, a idade é um importante fator de predisposição.

Então, qual é a causa do câncer? É hereditário? Decorre de substâncias com as quais entramos em contato? Ou de um vírus? Ou das aberrações cromossômicas? Ou ainda da velhice? A verdade é que, na maior parte dos casos, todas essas cinco causas podem agir de maneira combinada.

O homem esforçou-se obstinadamente durante séculos para tentar entender a origem dos tumores. As pesquisas e estudos sobre o assunto tiveram um grande crescimento nos últimos cem anos, mas somente na segunda metade dos anos 1970 chegamos a uma explicação que, como sempre, é simples e linear. Mesmo assim, foi um grande acontecimento, que marcou uma etapa fundamental no caminho do homem em direção à compreensão e ao controle dos eventos que nos dizem respeito.

Antes de mais nada, devemos distinguir dois tipos fundamentais de tumores: os infantis e juvenis, felizmente raros – que têm uma causa genética precisa e que podem, portanto, ser considerados doenças genéticas para todos os efeitos – e aqueles dos adultos e idosos, que apresentam uma multiplicidade de causas e constituem a vasta maioria dos casos, ou seja, são os tumores dos quais se fala com maior frequência. Daqui em diante, trataremos apenas desses, delineando suas causas e sua evolução.

Uma célula se torna tumoral quando no seu interior, ou seja, em seu genoma, se acumulam cinco ou seis mutações em genes que pertencem a determinadas famílias, sobretudo aquelas dos genes ditos oncogênicos e dos genes oncossupressores. Se uma célula acumula cinco ou seis mutações em genes desse tipo, ela para de controlar o próprio crescimento e enlouquece, isto é, começa a crescer por conta própria, em geral mais rapidamente que as células circundantes, mas sobretudo desligada de qualquer controle fisiológico por parte das outras células do corpo.

Muitas células tomam esse mau caminho durante a vida de um ser humano, mas nem todas conseguem levar a termo o seu percurso, formando um tumor, pois o corpo se defende colocando em campo as suas próprias defesas imunológicas. Essas defesas se dirigem contra moléculas particulares, sobretudo proteínas, que aparecem com frequência, embora não sempre, sobre a superfície externa da célula tumoral. Essas moléculas estranhas e anormais disparam o alarme do nosso sistema imunológico, que suprime a esmagadora maioria dos tumores ainda no nascimento. Algumas vezes, porém, o corpo perde a batalha e aquilo que chamamos de tumor é exatamente o resultado de uma batalha perdida, ou porque as defesas imunológicas não tiveram sucesso ou porque as células tumorais conseguiram enganá-las, "travestindo-se" de células normais.

É justamente na esteira desse raciocínio que de vez em quando ouvimos falar de uma vacina contra esta ou aquela forma de tumor, que deveria servir para alertar o sistema imunológico do indivíduo, de modo que aquelas células tumorais específicas lhe escapem com menos facilidade. Trata-se de uma perspectiva animadora, pois poderia resolver muitos problemas na raiz, mas que no momento ainda está muito longe de se tornar realidade.

Vamos dar um passo atrás: voltemos às cinco causas do tumor para ver em que sentido elas agem de maneira combinada. Dissemos que um tumor se desenvolve em virtude do acúmulo de um certo número de mutações numa célula. Algumas dessas mutações podem estar presentes desde o nascimento. É claro que, se são necessárias cinco mutações para uma célula se tornar tumoral e se já existem uma ou duas desde o nascimento, essa célula terá maiores probabilidades de acumular as mutações que faltam no curso de sua vida.

Pode acontecer, ao contrário, que nenhuma alteração esteja presente no momento do nascimento, mas que se desenvolva com o passar do tempo, sob a forma de mutações somáticas. Obviamente, as probabilidades de acumular mutações em número suficiente aumentam com o passar dos anos e por isso a velhice é um fator predisponente.

Mas por que as mutações somáticas acontecem? Como todas as outras, elas dependem do acaso, mas também, pelo menos em parte, de condições ambientais desfavoráveis, como contaminação radioativa, exposição excessiva aos raios ultravioleta ou a substâncias químicas particulares, ditas mutagênicas. Entre essas, figura a fumaça dos cigarros, que contém alcatrão (uma mistura de derivados do benzeno), que favorece o aparecimento de mutações sempre novas nas células com as quais entram em contato, por exemplo, as células do pulmão.

Não é certo que vai acontecer – algumas pessoas fumam a vida inteira e não desenvolvem nenhum tumor –, mas as estatísticas indicam que os fumantes têm maior predisposição, pelo menos para os tumores no pulmão e para tumores malignos que partem dos pulmões. Na realidade, inúmeros derivados do benzeno, ou seja, quase todos os produtos que a química orgânica chama de aromáticos, são substâncias mutagênicas e, em particular, cancerígenas.

Mas alguns vírus também podem ser causa de mutações e veremos em breve que existe toda uma categoria de vírus ditos oncogênicos. Para se reproduzir, o vírus precisa muitas vezes inserir o próprio DNA no genoma da célula que o hospeda, mas ao fazê-lo, o DNA viral pode se romper e, consequentemente, inativar o gene no qual se insere. Se o gene em questão é um oncossupressor, isto é, um gene que tem a função de manter baixa a probabilidade de o organismo desenvolver um tumor, nasce aí uma mutação tumoral. De um modo mais geral, todas as infecções virais podem levar a alguma mutação somática em algum gene, em alguma célula, e algumas dessas mutações podem pertencer ao grupo daquelas que levam ao desenvolvimento de um tumor.

Algumas vezes, um cromossomo pode se romper justamente onde fica um gene do tipo que estamos considerando e isso equivale em tudo e por tudo a uma mutação. Outras vezes, pode haver uma microrruptura em um cromossomo, ou ainda dois cromossomos que se rompem e se soldam entrecruzados. Muitas anomalias cromossômicas correspondem, portanto, a uma ou várias mutações.

Esse é o motivo pelo qual, nos últimos anos, foram identificadas tantas causas aparentemente diferentes para a insurgência de um tumor. Na realidade, são fenômenos diferentes que conduzem à acumulação dos mesmos defeitos genéticos e à perda de controle por parte da célula envolvida sobre a própria proliferação.

Observamos de passagem que nem todas a mutações somáticas que se acumulam com o passar dos anos nas células do nosso corpo levam ao aparecimento de tumores, mas de todo modo muitas delas contribuem para o envelhecimento geral do nosso corpo. Muitos dos nossos processos vitais sofrem pequenos e grandes danos que não são reparados ou o são com uma eficiência cada vez menor. Quando se observa a epiderme de uma pessoa que está envelhecendo, nota-se o surgimento de pequenas manchas, pequenas excrescências e sinais em relevo de todo tipo. São todos produzidos pelas várias mutações somáticas que vão se acumulando em algumas áreas do corpo. Trata-se quase sempre de fenômenos sem consequências, exceto estéticas. Mas e se acontecesse o mesmo, como de fato acontece, com os chamados órgãos internos? É melhor nem pensar nisso e considerar, ao contrário, que muitas vezes as pessoas envelhecem bem até demais, levando em conta que o efeito de muitas dessas mutações pode alterar até a conformação do próprio DNA e ser, assim, causa direta ou indireta de novas mutações, talvez em cascata.

Mas voltemos aos tumores, com uma questão: por que existem genes tão perigosos dentro de nós? Não seria possível evitar tantos riscos eliminando do genoma os genes que, uma vez alterados, podem causar um fenômeno tão devastador como o câncer? Não, porque se trata de genes essenciais para a sobrevivência e, por isso, presentes, quase idênticos, em todos os organismos superiores. Sem eles, as células não poderiam se multiplicar e nem substituir todas as células do nosso corpo que vão morrendo sucessivamente no arco de nossa vida.

Libertar-se dos oncogênicos e de todos os genes afins – que representam verdadeiras bombas-relógio – não é possível e, de fato, a evolução não os eliminou totalmente do nosso genoma ou, melhor dizendo, conservou um número mínimo deles, sem os quais não poderíamos realmente sobreviver. Mais uma vez, a natureza agiu em conformidade com um compromisso: conservou o menor número possível de genes que controlam a replicação celular, de forma a permitir a vida e reduzir ao mínimo o risco de tumores, que mesmo assim se manifestam sobretudo na idade avançada, em relação à qual já dissemos que a seleção natural não tem muito interesse, nem dispõe dos instrumentos para intervir diretamente.

Prosseguimos, portanto, sempre equilibrados entre duas exigências opostas: permitir que nossas células se repliquem quando for necessário, mas evitar na medida do possível o aparecimento dos tumores que, no entanto, podem ser combatidos (e o corpo faz isso todo o dia) com pelo menos dois mecanismos diferentes: um de natureza molecular e preventiva, o outro de natureza celular e corretiva. Já falamos dessa "manobra corretiva": o corpo está sempre em guarda contra invasores externos, mas também contra eventuais células anormais, que são quase sempre as células tumorais. O sistema imunológico, como dissemos, está alerta e pronto para eliminar tudo o que não reconhece como parte do corpo. Assim, destrói na origem muitos, muitíssimos tumores em via de formação, mas infelizmente, nem todos. Os que escapam continuam a crescer e finalmente se transformam em tumores manifestos.

Mas antes disso o corpo tentou se defender, bloqueando o crescimento desregulado da célula interessada nos limites do possível. De fato, já falamos dos genes oncossupressores que, como o próprio nome indica, existem para suprimir a formação de tumores, agindo diretamente sobre os mecanismos de replicação da célula. Esses genes são muitos e vigiam continuamente em nível molecular. Algumas vezes, porém, uma mutação desativa um deles ou mais de um e, com isso, o crescimento tumoral encontra seu caminho livre.

As mutações que podem se acumular na célula tumoral podem ser, portanto, de dois tipos principais: podem "assanhar" um oncogene que levará a célula a se tornar tumoral e/ou desativar um gene oncossupressor, que perde assim o seu poder inibidor e sua função. A ação combinada destas e de outras mutações tira da célula em questão toda a liberdade de escolha: ela se tornará tumoral.

Nessa altura, o motivo pelo qual a idade tem um papel tão importante na formação dos tumores já ficou bem claro. Antes de tudo, porque, com o passar do tempo, é mais provável que mutações sempre novas se acumulem, inclusive aquelas que determinam a passagem de uma célula à condição de célula tumoral. Se, numa certa idade, a célula em questão já acumulou quatro mutações, é possível, mas não inevitável, que cedo ou tarde encontre a quinta, com os resultados que já vimos. Na realidade, há também um outro aspecto: depois de três ou quatro mutações, a célula ainda não é abertamente tumoral, mas talvez se replique um pouco mais frequentemente do que antes. Vimos, por outro lado, que as mutações ocorrem exatamente no momento da replicação, de modo que uma célula que se replica mais, mesmo que só um pouco, tem mais probabilidades de sofrer uma nova mutação que irá se juntar às outras já existentes. A aquisição de novas mutações passa, portanto, por uma aceleração progressiva.

Em segundo lugar, o envelhecimento produz outros danos colaterais, que não têm um efeito direto sobre o acúmulo de novas mutações cancerígenas naquela determinada célula, mas que podem ter um efeito indireto, como aumentar, por exemplo, a probabilidade de ter de enfrentar novas mutações em todo o corpo. É claro que esse fenômeno também pode ajudar a precipitar a situação da célula já encaminhada para um destino tumoral.

Por fim, entre os processos que envelhecem com o tempo está também a produção de anticorpos: com os anos, o corpo pode produzir cada vez menos anticorpos ou produzir anticorpos menos específicos e eficientes, resultando daí que muitos tumores nascentes podem passar inadvertidos mais facilmente e levar a uma doença manifesta.

Com o acúmulo de mutações sempre novas, a célula tumoral pode, além disso, se tornar "mais que tumoral". Seu crescimento contínuo oferece o flanco a novas mutações, algumas das quais podem fazê-la crescer ainda mais rapidamente, transformando-se num alvo possível de outras mutações mais. De fato, sabemos que muitos tumores têm graus diversos de gravidade e que podem percorrer um caminho de gravidade crescente, o que, do ponto de vista clínico, tem uma importância enorme tanto para os prognósticos, quanto para o tratamento.

De um certo ponto em diante, dizemos que o tumor se torna maligno. Isso significa, genericamente, que está fora de controle e, em particular, que pode dar lugar a metástases, o evento terminal da progressão cancerosa. Até um certo momento, o tumor se limita a uma presença e uma ação local: embora continue a crescer, mantém-se confinado na região corpórea onde se originou e desenvolveu. Quando, ao contrário, ele se torna maligno, as células adquirem uma nova propriedade: podem invadir outros distritos do corpo implantando aí outros tumores secundários, chamados de metástases.

Algumas células abandonam a massa do tumor original, chamado também de primário, passam para a circulação sanguínea e param ao acaso para "fundar uma nova colônia cancerosa". Para fazer isso, a célula em questão deve não somente ser tumoral, mas possuir também propriedades de invasividade e de indução de novos tumores em diversas zonas do corpo: os tumores secundários ou metástases.

Nem todos os tumores se tornam metastáticos e nem todas a metástases são letais, mas em geral se morre muito mais facilmente quando elas acontecem, porque isso envolve diversas partes do corpo, onde o fenômeno pode assumir formas mais ou menos graves. Infelizmente, ainda não sabemos muito bem que eventos moleculares conduzem uma célula tumoral à condição de malignidade e, portanto, de invasividade. Seria uma grande vantagem descobrir o que a torna maligna, ou seja, capaz de produzir metástase e podemos prever que esta será um descoberta fundamental do futuro próximo.

Depois de tudo o que dissemos, fica claro que existem muitos tipos de tumores, por localização, por gravidade e por imaturidade ou maturidade, mas mesmo no interior do mesmo tipo diagnosticado podem se apresentar diferenças sutis: um gene pode estar alterado e não um outro, alguns processos degenerativos podem estar envolvidos e não outros. Por isso, é cada vez mais importante traçar o chamado "perfil genético" de um determinado tumor, uma técnica de diagnóstico molecular muito recente e que está ganhando terreno rapidamente. Não basta saber que existe um tipo de tumor, é útil especificar também de que tipo e subtipo se trata. Esse último progresso foi possível sobretudo graças ao mapeamento do genoma e à grande quantidade de novos conhecimentos que dele decorreram em tempos muito recentes.

Ultimamente, aprendemos muitas coisas sobre os tumores e sua evolução. Esses conhecimentos podem ser muito úteis para a prevenção e para a terapia. Existe uma chamada prevenção primária, que tem valor geral e que fornece regras válidas para todos, como por exemplo o conselho de não fumar, não comer carne grelhada, hábito alimentar que favorece o surgimento dos tumores de cólon, não se expor sem proteção aos raios ultravioleta, porque essas radiações têm uma ação mutagênica sobre as células da pele, etc., etc. Os jornais costumam publicar longas listas de alimentos a evitar para diminuir as probabilidades de desenvolver tumores, mas sua utilidade efetiva é muito baixa. Naturalmente devemos levar em conta a índole do indivíduo e sua disponibilidade a dar ouvidos a conselhos e proibições. É inútil dizer que muitas pessoas sabem muito bem o que deveriam e não deveriam fazer e, apesar disso, fumam e se expõem aos raios ultravioleta. Quanto a isso, a ciência tem muito pouco a fazer, é a sociedade que tem de se mobilizar e fazer isso desde a idade escolar. Um grande sucesso aconteceu recentemente com a aprovação da lei, seguida por muitos, que veta o fumo em circunstâncias específicas.

Existe também uma prevenção secundária, que pode assumir formas variadas: da análise periódica do estado do útero e dos seios das mulheres à dosagem de antígeno tumoral prostático nos homens e às pesquisas sobre a condição do cólon-reto para todos. A eficiência e a urgência da prevenção secundária varia de indivíduo a indivíduo, por isso, é fundamental conhecer a predisposição de cada um para um certo tipo de tumor. Já falamos desse conceito no quadro da predisposição de cada um para uma determinada doença multifatorial e não para uma outra, entre as quais podemos colocar também a maior parte dos tumores. Dissemos também que predisposição não quer dizer predestinação e condenação: uma pessoa que se mostra predisposta pode não desenvolver a doença no decorrer da vida, enquanto alguém que não era realmente predisposto, pode, ao contrário, contrair uma doença grave. Em geral, porém, as predisposições têm um significado prognóstico preciso, de modo que, como já dissemos antes, saber é melhor do que não saber.

Por sorte, hoje estão disponíveis várias técnicas moleculares capazes de definir muitas predisposições, embora nem todas, e esse é um capítulo que promete muitas revelações fundamentais também em futuro próximo. É bom, porém, repetir que para interpretar os resultados de um exame é aconselhável procurar um especialista. Como no caso das análises clínicas, quem lê os resultados deve ser uma pessoa competente: um médico e, melhor ainda, um consultor genético, uma figura muito difundida no exterior, mas rara na Itália. Lida e interpretada do modo correto, a resposta desse tipo de exame pode se revelar muito útil; mas, ao contrário, se for mal interpretada, pode ser fonte de estresse e de preocupações inúteis.

Existem muitas mutações que predispõem a certas doenças. Entre essas, destacam-se os tumores, particularmente nos seios e nos ovários. Alguns anos atrás, a identificação de um par de genes específicos desse tipo de tumor, para os quais existe uma forte predisposição genética, causou furor. Por volta da metade dos anos 1990, depois de estudos feitos com raras famílias em que numerosos casos de tumores no seio ou no ovário foram diagnosticados em mulheres ainda bastante jovens, foram identificados dois genes, chamados BRCA1 e BRCA2 (abreviação de Breast Cancer, ou seja, câncer no seio). São genes oncossupressores que, uma vez alterados, são responsáveis pela maior parte dos casos de predisposição hereditária para tais patologias.

Depois de estudos aprofundados levados a efeito com famílias de risco, ficou acertado que as mulheres que possuem mutações hereditárias no nível dos genes BRCA1 e BRCA2 correm o risco de desenvolver um tumor na mama em 80% dos casos, contra uma possibilidade de 10% nos sujeitos normais. As mutações hereditárias no nível dos genes em questão determinam, nas mulheres, um sensível aumento do risco de desenvolver um tumor no seio em idade precoce (antes da menopausa), representando, portanto, uma característica peculiar da suscetibilidade hereditária. Os estudos demonstraram, de fato, que mais da metade das mulheres portadoras de mutações no nível dos genes BRCA desenvolvem um tumor no seio antes dos 50 anos, com uma idade média de diagnóstico do tumor de 41 anos. O risco de desenvolver um tumor ovariano no caso de presença de mutações em um dos dois genes em questão é, por sua vez, de 40% a 60%, contra 1% de probabilidade no resto da população. Para as mulheres que têm uma história de recorrência familiar desses tumores é, portanto, fortemente aconselhável fazer o exame para detectar a presença destes dois tipos de genes alterados.

Por enquanto, essa história acaba por aqui e não podemos citar exemplos tão clamorosos quanto esse de predisposição, mas alguma coisa vai acontecer em breve, sobretudo graças ao conhecimento do genoma. Assim, esperamos identificar eventuais predisposições genéticas para todos os indivíduos. Desse modo, cada pessoa poderia ser alertada sobre certos hábitos de vida, embora na maior parte dos casos tais indicações acabem coincidindo com a prevenção primária, e poderíamos prescrever tratamentos específicos para cada indivíduo, no quadro de uma medicina do futuro, cada vez mais individualizada, ou seja, centrada no paciente. Não será fácil identificar todas essas predisposições, pois ainda não conhecemos o quadro completo dos genes potencialmente produtores de tumores, que no início pensava-se que seriam cerca de vinte, mas que na realidade são algumas centenas. Mas isso é absolutamente concebível e permitiria, entre outras coisas, um diagnóstico precocíssimo, que é um outro problema clínico de importância fundamental.

De fato, os tumores nascem sempre pequenos: uma célula, duas células, quatro células; mas crescem e, às vezes, muito rapidamente. Um tumor pequeno, ou seja, feito de mil ou até de um milhão de células, não é perigoso. Se tivéssemos instrumentos para assinalar um tumor em via de desenvolvimento, o problema estaria completamente resolvido: bastaria uma pequena intervenção cirúrgica, talvez até em regime ambulatorial, para eliminar o pequeno tumor. O problema é conseguir percebê-lo, um desafio realmente formidável para o futuro próximo.

Até pouco tempo atrás, só percebíamos um tumor quando já estava do tamanho de uma noz ou uma pequena tangerina; hoje em dia, com as avançadas técnicas diagnósticas por imagem, conseguimos detectá-los quando atingem as dimensões de uma ervilha: mas uma ervilha ainda é enorme. Com o conhecimento dos genes, junto com o desenvolvimento de técnicas de biologia molecular e de ampliação do sinal, ou seja, do âmbito da engenharia, poderíamos identificar as mutações *in vivo*, diretamente nas células. Se e quando isso acontecer, cada um de nós será convidado a passar por uma máquina em intervalos regulares, como se faz hoje com a mamografia e com o exame do útero, para descobrir pequenos tumores em via de desenvolvimento. Significaria realmente uma nova era.

A ideia é, portanto, descobrir se, em alguma parte do corpo, num determinado momento, existem células nas quais se acumularam mutações cancerígenas. Do ponto de vista biológico, isso não é impossível, pois sabemos muito bem quais mutações e em quais genes levam a um tumor. Se pudéssemos fatiar um indivíduo inteiro e analisar molecularmente fatia por fatia, nenhum tumor incipiente conseguiria escapar.

Obviamente, existe o problema, não insignificante, de que temos dezenas de milhares de bilhões de células no corpo, e se controlar todas elas não é um empreendimento biologicamente impossível, é pelo menos uma tarefa muito árdua do ponto de vista prático. Mas dois elementos do conhecimento que parecem promissores podem vir em nossa ajuda. De um lado, o mapeamento do genoma humano que permite, ou melhor, permitirá um inventário completo de todos os genes que, uma vez alterados, conduzem ao tumor, e de todos os tipos de mutações causadas por estes genes que se encontram na população. De outro, a chamada bioengenharia, ou seja, a engenharia voltada para a vida e, em particular, a capacidade da engenharia atual de captar sinais baixíssimos e, portanto, de identificar tumores ainda muito pequenos.

Ainda não chegamos lá, pelo menos não nesses termos, mas a ideia, que poderia parecer alucinada quando comecei a expô-la no final dos anos 1990, hoje não aparece tão inatingível. Nesses anos, desenvolveram-se técnicas cada vez mais avançadas, voltadas para a criação de instrumentos de visualização cada vez mais sofisticados e sensíveis – basta pensar na ecografia, na tomografia computadorizada, na ressonância magnética e na tomografia por emissão de pósitrons – e, ao mesmo tempo, surgiu uma tecnologia completamente nova, a nanotecnologia, com suas nanossondas e seus nanoveículos.

Falou-se muito, nos últimos vinte anos, da nanotecnologia ou, de uma maneira mais geral, da nanociência. O prefixo *nano-*, usado nesses termos, tem um significado muito preciso, pois se refere a eventos que têm lugar na escala dos nanômetros. Por convenção, os cientistas usam o prefixo *nano-* para indicar a bilionésima parte de um metro, ou seja, um milionésimo de milímetro ou ainda um milésimo de mícron. Muitas coisas interessantíssimas acontecem na matéria nessa escala e, portanto, é particularmente útil, sobretudo no caso da matéria viva. Um nanômetro é a dimensão de poucos átomos ou pequeníssimas moléculas. Todos os processos vitais fundamentais acontecem nesse nível: descer abaixo das moléculas no estudo da vida não tem sentido, mas subir demais na escala também só serve para confundir as ideias, pois estamos diante de enormes massas de moléculas.

As nanotecnologias, o braço tecnológico da nanociência, estudam justamente a estrutura e as propriedades dos materiais vivos e não-vivos nessa escala extremamente reduzida. No campo dos materiais inanimados, já houve descobertas excepcionais com aplicações cotidianas: materiais duríssimos, materiais que resistem aos ácidos ou às temperaturas mais altas, canetas que não escorregam da mão, revestimentos antiaderentes das panelas e frigideiras, etc. Mas a nanotecnologia é importantíssima sobretudo para a vida. É óbvio, portanto, que cedo ou tarde sua aplicação mais importante caminhará nessa direção. Em particular, é possível construir naves diminutas (como vimos no famoso filme de 1966, *Viagem fantástica*, de Richard Fleischer), que, navegando pelo corpo, conseguem penetrar nas células!

Trata-se de uma tecnologia ao alcance dos cientistas e já pronta para ser utilizada. Essas nanonaves ou nanopartículas poderiam fazer duas coisas diferentes e complementares: entrar numa célula doente e aplicar o remédio *in loco*, agindo portanto como nanorrobôs, ou penetrar numa célula, examinar a situação e trazer suas observações de volta, agindo portanto como nanossondas para revelar se a célula é ou não tumoral. Parece ficção científica, mas temos bons motivos para pensar que esta será, provavelmente, a via mestra para o futuro diagnóstico precoce dos tumores.

Se numa determinada fase da vida, digamos aos 40 anos, eu percebesse que tinha no corpo algumas células que apresentam mutações perigosas, poderia seguir sua evolução e eventualmente intervir. Não tem muito sentido fazer isso aos 10, 15 anos, pois nessa idade, como vimos, os tumores que surgem são quase sempre de origem hereditária, ou seja, genética. Os tumores que derivam de mutações somáticas adquiridas durante a vida, isto é, os tumores comuns, só se tornam significativos a partir dos 50, 60 anos em diante. Portanto, esse controle periódico só se impõe a partir dessa idade.

Se tudo isso se realizasse, nenhum tumor seria perigoso. Não se falaria sequer em terapia, já que se trataria de prevenção. Isso não significa, obviamente, que os tumores não podem ser curados, serão curados ainda por muitos anos antes que esse instrumento diagnóstico chegue ao auge, em todo o mundo. Mas, diariamente, damos grandes e pequenos passos nessa direção, de modo que, hoje em dia, os tumores no sangue são perigosos só em 50% dos casos, enquanto no passado se falava em 90%, 95%.

Quero concluir contando uma experiência-piloto realizada em 2010 num ser humano e que poderia ser o prelúdio de um avanço técnico que marca uma nova era no ataque rápido, direto e específico ao núcleo de uma célula cancerosa. Esse experimento utiliza da melhor maneira os resultados de pelo menos três linhas inovadoras de pesquisa de última geração, inclusive a nanotecnologia.

Dissemos que uma célula se torna tumoral e em seguida cancerosa quando um certo número de mutações em alguns genes específicos se acumulam em seu interior. Quando se analisa isso em profundidade, o resultado dessas mutações pode ser a desativação de um gene, ou seja, a interrupção de sua atividade ordinária; a expressão excessiva de um outro gene, ou ainda a produção por parte de um gene alterado de uma proteína anômala e, portanto, danosa. Ainda não sabemos tudo sobre cada tipo de tumor, mas, em diversos casos, vimos que já conseguimos saber quais os genes que estão alterados e, às vezes, como se alteraram. Um primeiro passo consiste, portanto, em impedir a produção de proteínas nocivas por parte de células que são cancerosas porque são anômalas ou porque são abundantes demais.

Uma das maneiras mais refinadas de fazer isso é cortar o RNA mensageiro que o codifica com precisão, eficácia e sobretudo especificidade, pois, de fato, não podemos atingir um RNA mensageiro diferente daquele que se quer eliminar, do contrário danificaríamos todas as células do corpo de maneira indiscriminada. Para alcançar esse objetivo, seria particularmente útil um RNA pequeno, com apenas uns vinte nucleotídeos, que pudesse se ligar especificamente aos trechos correspondentes presentes no DNA ou no RNA mensageiro. Fazendo isso, um RNA pequeno e muito específico age sobre o RNA mensageiro que se deseja atingir, ligando-se a ele e promovendo sua desativação: a proteína correspondente não será mais sintetizada. Portanto, se conhecemos bem a sequência do gene que produz a proteína anômala, podemos sintetizar o pequeno RNA correspondente *in vitro*, introduzi-lo na célula em questão e acioná-lo, num processo que ganhou o nome de "interferência de pequenos RNA".

Resta, porém, o problema de fazer o pequeno RNA em questão chegar à célula certa, aquela que está cancerosa justamente devido à presença da proteína anômala em questão.

E aqui entra a nanotecnologia, a tecnologia que permite a produção e uso de nanopartículas que, injetadas no corpo por via sanguínea, podem alcançar todas as células, graças a seu número e seu tamanho reduzido. Mas como fazer para que entrem nas células certas e só nelas? Basta equipar sua superfície com receptores específicos que reconhecem uma ou mais proteínas presentes apenas na superfície de uma célula cancerosa: nesse caso, estamos falando de nanopartículas direcionadas. A nanopartícula reconhece a célula certa, se liga a ela, é transferida para a proteína de superfície para a qual é específica e libera no interior da célula o pequeno RNA que ela mesma levou até lá e que finalmente poderá desempenhar a sua função, realizando a interferência e, portanto, a supressão da proteína anômala.

Tudo perfeito no papel, mas a realização, sobretudo no homem, não é brincadeira. Mas parece que a coisa já funcionou e, se a notícia for confirmada, abriria uma via mestra para o tratamento específico de alguns tumores.

Falei de três linhas de pesquisa refinadíssimas e extremamente evoluídas. De fato, reúnem-se nesse experimento a pesquisa sobre o câncer, a pesquisa sobre a interferência por meio de pequenos RNA e a tecnologia das nanopartículas. A primeira identificou as mutações características das células de tumores específicos e as proteínas presentes em sua superfície. A segunda otimizou todos os processos que levam ao fenômeno da interferência por parte de pequenos RNA, ou seja, à capacidade de atingir seletivamente um RNA mensageiro particular, cuja sequência é conhecida, através do uso de um pequeno RNA específico. A terceira, enfim, utiliza também de maneira otimizada as espantosas potencialidades das nanopartículas, que podem penetrar em toda parte, reconhecer um objetivo, atingir e desaparecer.

Ainda falaremos muito de tumores nas próximas décadas, mas tudo nos leva a crer que serão cada vez menos perigosos, graças ao diagnóstico precoce e aos últimos avanços da terapia.

COMBATER OS INIMIGOS EXTERNOS

Até os anos 1960, as doenças que causavam o maior número de mortes eram as infecciosas. Isso ainda é verdade hoje em dia, se incluirmos a malária que, com seus 2 milhões de vítimas ao ano, continua a ser uma das primeiras causas de morte no mundo. A doença já não diz respeito ao mundo dito desenvolvido, mas ainda é considerada endêmica naquela faixa geográfica em torno dos trópicos, rica em águas estagnadas, nas quais o mosquito *Anopheles* prolifera. Quantidades inimagináveis de dinheiro foram gastas, assim como recursos humanos incríveis, mas a periculosidade da malária diminuiu bem pouco. É claro que a introdução de várias contramedidas, entre as quais o DDT, reduziu as mortes de dezenas de milhões para milhões, mas ainda assim, é uma cifra imensa.

As doenças infecciosas são produzidas por organismos unicelulares (existem também doenças infecciosas produzidas por organismos mais complexos, mas são uma exceção) que se introduzem em nosso corpo e, para sobreviver, alteram sua fisiologia – às vezes pouco, às vezes muito.

O caso mais típico é o das bactérias. Uma bactéria é uma célula única, muito mais simples do que as nossas e na qual não se distingue bem o núcleo do resto. Por isso ela é chamada de procariótica, enquanto as nossas e as dos animais superiores são chamadas de eucarióticas (do grego *eu*, bem) pois seu núcleo é facilmente distinguível.

As bactérias têm uma velocidade de reprodução altíssima, pois seu genoma é pequeno e contém apenas alguns milhares de genes dispostos um ao lado do outro, sem todo o DNA intergênico que nós, ao contrário, possuímos. O DNA de uma bactéria pode se replicar em 15 minutos, a bactéria inteira em meia hora. É por isso que as bactérias são usadas na maior parte dos laboratórios do mundo e todos os avanços da biologia molecular, da engenharia genética ou das biotecnologias foram realizados com a exploração das surpreendentes propriedades das bactérias – obviamente, aquelas que são inócuas. De fato, muitas bactérias são inócuas (existem bilhões e bilhões delas em nossa flora intestinal), mas há também as que são portadoras de patologias mais ou menos graves.

Uma bactéria pode viver na periferia de uma célula humana ou penetrar em seu interior para cumprir seu objetivo essencial, que é se reproduzir, desordenando, de maneira mais ou menos acentuada, os mecanismos internos da célula hóspede. O organismo reage com a febre, com os anticorpos, com os fagócitos que removem as bactérias mortas. Na maior parte dos casos, o corpo vence rapidamente, mas quando perde, dá espaço para o surgimento de uma doença infecciosa que pode até ser letal, em particular nas crianças, que não dispõem de anticorpos circulantes.

Nas mesmas condições, uma criança tem muito mais probabilidades do que um adulto de contrair uma infecção bacteriana. É por isso que, no passado, embora as doenças infecciosas atingissem todas as faixas etárias, elas tinham um efeito bem mais devastador nas crianças, aumentando muito a taxa de mortalidade infantil. A partir da segunda metade do século XX, as crianças ficaram menos expostas a agentes infecciosos e também, quando uma infecção se instala, é possível intervir com medicamentos antibióticos que substituem ou reforçam as defesas imunitárias.

Muitos dos preceitos sanitários e dos rituais de nossos avós, sem chegar aos antepassados mais distantes, são ligados à periculosidade das bactérias, que podem ser trazidas por outros organismos ou encontradas na água ou na alimentação. Na África central e em outras zonas do planeta, o maior problema é, de fato, a água limpa, ou seja, não-infecta. Parece ridículo, mas absolutamente não é num mundo que não dispõe de uma organização higiênica e sanitária eficiente e onde cada gole de água carrega consigo o risco de formas patológicas mais ou menos ferozes.

A luta contra as bactérias, assim como todas as formas de parasitas, é eterna e sem trégua, pois o objetivo de cada ser vivo é sobreviver e se reproduzir, e cada um cuida dos próprios interesses, como fazemos com os desinfetantes e os antibióticos, por exemplo. Sem eles, só teríamos as defesas imunitárias, presentes em todos os animais superiores justamente com esse objetivo: controlar as infecções, sempre à espreita e prontas para atacar quem está fraco e carente de um ponto de vista imunológico. Não por maldade, mas por interesse próprio vital.

Existem inúmeras formas de bactérias e nas últimas décadas descobrimos que elas podem ser divididas em duas macrocategorias que desempenharam um papel relevante no processo evolutivo das formas vivas do nosso planeta. As que conhecemos desde sempre pertencem à categoria das eubactérias, isto é, bactérias propriamente ditas, mas muito antes delas viveram, e ainda vivem, as arqueobactérias, capazes de sobreviver até em condições extremas: temperaturas altas ou baixíssimas, alta salinidade ou alta acidez dos líquidos em que vivem, pressões osmóticas ou atmosféricas proibitivas. Encontram-se em regiões que confinam com a lava dos vulcões ou os vapores dos gêiseres ou que estão mergulhados nas atmosferas mais pestilentas. Acredita-se que sejam as criaturas mais parecidas com os organismos primordiais que habitavam a Terra 4 bilhões de anos atrás. É instrutivo considerar que o homem conseguiu tirar proveito até das características biológicas desses originalíssimos seres vivos. Por exemplo, a enzima que se usa em todo o mundo para analisar o DNA é extraída de algumas arqueobactérias que vivem em temperaturas excepcionalmente altas. Como diz o primeiro estásimo da *Antígona* de Sófocles, não há nada que o homem não aprenda a fazer, "possuindo a genialidade da arte / e engenho além da mais rósea esperança".

No início dos anos 1980 causou furor a notícia de que a gastrite e a maior parte das úlceras são causadas por uma bactéria estranhíssima e incrivelmente "introvertida", que vive escondida na mucosa intestinal apesar de sua excepcional acidez, com um ph entre 1 e 2. A bactéria, *Helicobacter pylori*, revelou-se dificílima de coletar, cultivar e examinar, constituindo ainda hoje um objeto de estudo capaz de dar muito trabalho aos melhores microbiólogos do mundo. Vive circundada por sua atmosfera particular, pobre em oxigênio e capaz de preservá-la dos ataques do organismo. Sua descoberta, que valeu a Robin Warren e Barry Marshall o prêmio Nobel de 2005, representou um marco fundamental na luta do homem contra as doenças, mesmo porque antes se disse que quase ninguém estaria disposto a afirmar que a úlcera gástrica ou duodenal poderia ter uma origem bacteriana.

Os descobridores tiveram que produzir uma enorme quantidade de provas *in vitro* e *in vivo* para convencer a comunidade médica da veracidade de sua descoberta. Hoje em dia, a infecção pode ser controlada e eliminada com a administração dos antibióticos adequados.

Esse episódio, que já é importante em si, parece ainda mais digno de nota porque nos leva a aceitar ou a pressagiar que outras doenças também poderiam ter uma origem bacteriana, mesmo que ninguém tenha pensado nisso até agora.

Ao lado das bactérias existem os vírus, entidades organizadas elementares. É duvidoso que um vírus possa ser definido como um ser vivo, pois não vive uma vida autônoma: se admitirmos, aliás, que todos os organismos vivos são formados por uma ou mais células, os vírus estão automaticamente excluídos da categoria. Trata-se de invólucros contendo um genoma, mais ou menos grande, composto de poucos ou até dezenas de genes, mas em todo caso, nunca dos milhares que formam até as bactérias mais simples.

O vírus pode sobreviver até por longos períodos fora de uma célula, mas se quiser se reproduzir tem de entrar numa célula hospedeira, que pode ser uma bactéria, uma célula vegetal ou animal. Um vez lá dentro, o vírus começa a se multiplicar: não tem nenhum objetivo maligno, tenta apenas se multiplicar. Sua reprodução altera a funcionalidade das células com intensidade variada e a resposta febril a algumas infecções virais se deve ao fato de que algumas células começam a funcionar mal quando são expostas à ação de um vírus e quando as defesas do sistema imunitário percebem isso e tratam de atacá-las, causando, entre outras coisas, a febre. Como já vimos no caso das bactérias, as batalhas são muitas, quase todas vencidas. Somente as batalhas perdidas levam a uma patologia clara.

Num certo sentido, os vírus representam um paradoxo evolutivo, uma espécie de binário morto: alguém poderia pensar ingenuamente que na origem da vida na Terra haviam os vírus, que evoluíram para as bactérias e para os animais superiores, mas não é assim, pois um vírus não pode viver sem uma célula para invadir. Provavelmente, os vírus se originaram destacando-se de células simples, semelhantes às bactérias de hoje: alguns fragmentos de seu genoma se separaram, cercaram-se de um invólucro proteico e deram lugar aos vírus. São, portanto, parasitas obrigatórios, que denunciam um fenômeno regressivo da evolução. Estamos acostumados a pensar na evolução sempre em termos de progresso, mas não é bem assim: em certas coisas, houve até um retrocesso, e na imensa maioria dos casos não houve progresso nem retrocesso.

Os verdadeiros protagonistas da vida na Terra, os vitoriosos da existência, as entidades sem as quais a vida nunca teria começado e, sobretudo, não conseguiria se manter são, de fato, as bactérias com seus temíveis hóspedes, ainda mais minúsculos, os vírus bacterianos. São eles que constituem a parte mais importante da biomassa total e que permitem a sobrevivência de todo o resto. Em suas linhas essenciais, esses organismos elementares não mudaram pelo menos nos últimos 3 bilhões de anos. No fundo dos mares, por exemplo, existem bilhões e bilhões de bactérias que nascem e morrem com grande rapidez.

Recentemente, uma notável atenção se voltou justamente para essa massa informe de bactérias que estaciona nas profundezas marinhas. Esses micro-organismos se reproduzem e morrem continuamente, fornecendo quantidades imensas de material orgânico que passa a fazer parte do grande ciclo do carbono, fundamento de todas as formas de vida terrestre. Em seu conjunto, esses micro-organismos e seus matadores, os vírus bacterianos, constituem o maior ecossistema conhecido.

A história das bactérias e de seus vírus é muito curiosa e interessante. Só descobrimos tais criaturas e seus encontros/confrontos no início do século passado. Muitos estudos foram feitos, e durante um certo tempo nutriu-se a esperança de que os vírus bacterianos pudessem ser utilizados exatamente contra as bactérias que causam as doenças infecciosas mais comuns. Mas isso se revelou pouco factível e, a bem dizer, pouco útil, pois os antibióticos demonstraram sua capacidade de cumprir essa tarefa com excelência.

A luta entre bactérias e vírus, estudada nos laboratórios apenas como um fenômeno pouco mais do que curioso, tem na verdade uma importância biológica fundamental e está na base da manutenção da própria vida em nosso planeta.

Não é uma descoberta nova, mas nova é a quantidade de informações detalhadas sobre o assunto reunidas recentemente. Verificamos, por exemplo, que a produção de vírus bacterianos é enorme e que quase 80% das bactérias sucumbem em virtude de uma infecção viral. Se descermos abaixo dos mil metros de profundidade, a taxa de bactérias aniquiladas pelos vírus atinge os 100%. Dessa maneira, as bactérias se decompõem continuamente e fornecem enormes quantidades de material orgânico nas águas circundantes, em regiões que, não fosse isso, não disporiam de nenhuma outra fonte.

São necessários trinta algarismos para representar o número total dos vírus presentes nesse inferno e um pouco menos no caso das bactérias. São números vertiginosos, sobretudo se pensarmos que cada um deles possui o seu genoma e sua minuciosa organização biológica.

Com o passar dos milênios, os vírus bacterianos se transformaram, portanto, num elemento estabilizador da vida da grande massa das bactérias, que utilizam as fontes de alimentação mais diversas e estranhas e que, uma vez mortas, fornecem material orgânico que será ingerido por peixes cada vez maiores. O ciclo da matéria orgânica (ou ciclo do carbono) é alimentado pela grande massa de bactérias no fundo dos oceanos, que se reproduzem e morrem produzindo detritos. Se considerarmos que o fundo dos oceanos corresponde a 65% da superfície terrestre, podemos compreender o imenso, gigantesco cenário representado pela luta cotidiana entre bactérias e vírus na escuridão dos abismos mais profundos.

Alguns vírus não possuem um patrimônio genético feito de DNA, mas de RNA, que segundo muitos foi, durante a evolução, o primeiro material genético. Mesmo que não existam provas definitivas, acredita-se que os primeiros organismos vivos possuíam um genoma de RNA. O RNA é capaz de manter e transportar informação, assim como o DNA, mas é muito mais flexível: pode se dobrar, assumir formas sofisticadas e cumprir algumas funções biológicas que hoje são realizadas, em grande parte, pelas proteínas. Mas além dessas qualidades, o RNA apresenta também alguns defeitos: é muito frágil e particularmente exposto aos ataques das enzimas capazes de destruí-lo. Por isso, num segundo momento, ele foi substituído pelo DNA, que é uma molécula muito menos delicada sob todos os pontos de vista, no papel de portador do patrimônio genético.

Apesar disso existem ainda hoje muitos vírus de RNA, como, por exemplo, o vírus da gripe, que tem um patrimônio genético constituído por oito pequenos segmentos de RNA. A cada ano se espalha uma gripe diferente, ou seja, podemos observar uma cepa gripal diferente a cada ano, pois esses oito segmentos de RNA são facilmente sujeitos a uma grande quantidade de mutações. Desde que começamos a dispor de dados confiáveis sobre as grandes epidemias de gripe, nunca aconteceu de termos a mesma epidemia dois anos seguidos, pois em pouco tempo o genoma do vírus sofre mutações e, portanto, produz pequenas, mas significativas diferenças na estrutura e no modo de agir do vírus, particularmente em seu aspecto externo, que é aquilo que nosso sistema imunitário percebe, pois ele se baseia no reconhecimento do inimigo. Como o inimigo sofre alterações a cada vez, o primeiro ataque do sistema imunitário não consegue atingir o alvo: na verdade, ele se recorda do inimigo do ano anterior, mas não pode conhecer o novo e só intervém contra ele quando a primeira infecção já se instalou.

No passado, algumas formas de gripe foram devastadoras: a última foi a chamada gripe espanhola, nos tempos da Primeira Guerra Mundial, que fez milhões de vítimas, pois não existiam medicamentos para as infecções virais, não sabíamos sequer como baixar a febre, uma das causas mais graves de morte por infecção viral, e sobretudo os antibióticos ainda não eram conhecidos: eles não têm um efeito direto sobre as infecções virais, mas controlam todas as eventuais infecções bacterianas, ditas oportunistas, que podem penetrar num corpo quando ele está sob ataque viral.

Os antibióticos são um dos muitos exemplos desses avanços médicos dos quais não se fala com frequência, pelo menos hoje, mas que mudaram radicalmente a nossa vida. É difícil para nós até mesmo imaginar a situação daqueles tempos, quando qualquer infecção podia ser mortal, sobretudo para os mais novos.

Talvez valesse a pena perguntar o que é um antibiótico. É uma substância natural, ou parcialmente sintética, que impede a proliferação de um certo tipo de bactérias. Tratando-se de bactérias, impedir sua proliferação equivale a matá-las, pois em condições normais elas se multiplicam continuamente em altíssima velocidade. Hoje em dia, os antibióticos disponíveis são muitos e de inúmeras famílias diferentes. Seus mecanismos de ação podem ser os mais variados, da perfuração da membrana bacteriana ao bloqueio da transcrição, e alguns são eficazes apenas em alguns tipos de bactérias, enquanto outros têm um espectro bem mais amplo de indicações.

É aconselhável não abusar deles, pois podem perder sua eficácia terapêutica se as bactérias se tornarem resistentes. Tendo como ponto pacífico que não se deve abusar de nenhum medicamento, sobretudo com as crianças, não devemos ter medo de que os antibióticos percam sua eficácia, pois seriam necessárias quantidades realmente exorbitantes para que isso acontecesse e porque hoje em dia existem muitos tipos de antibióticos. Mesmo que as bactérias de uma infecção se tornassem resistentes a um tipo de antibiótico, poderiam ser aniquiladas por um outro tipo. Em suma, os antibióticos são uma bênção, embora devam ser usados com critério.

Entre os vírus de RNA está também o HIV, o agente causador da AIDS. A AIDS foi como um raio em céu sereno: há trinta anos, depois da derrota da poliomielite e da varíola, todos estavam convencidos de que as doenças infecciosas estavam definitivamente debeladas, pelo menos em certos países. No entanto, surgiu o flagelo da AIDS, que e vitimou muita gente nos países desenvolvidos e muitíssimas mais nos países subdesenvolvidos.

O que esse vírus tem de particular? É de RNA, ou seja, é capaz de se alterar rapidamente, mas sobretudo escolheu como células hospedeiras exatamente aquelas que deveriam combatê-los, os linfócitos T, sobretudo os que são chamados CD4+, que contra-atacam as infecções de origens variadas: é como se uma esquadrilha de aviões conseguisse misteriosamente desarticular toda as forças antiaéreas. É exatamente isso que o vírus HIV faz, entrando no corpo através da via que deveria constituir sua defesa mais aguerrida. Seu modo de atacar comporta uma neutralização de nossas defesas imunitárias, não todas, mas aquelas mediadas justamente pelos linfócitos T.

O resultado é uma imunodeficiência generalizada, não congênita, mas adquirida. De fato, AIDS significa *Acquired Immuno-Deficiency Syndrome* (Síndrome de Imunodeficiência Adquirida) e HIV, *Human Immunodeficiency virus* (vírus de imunodeficiência humana).

A imunodeficiência generalizada que se instaura no paciente de AIDS facilita o surgimento de todo tipo de doença infecciosa, até as mais raras e bizarras. A vida, então, se transforma num inferno e a morte chega nas piores condições. Este é o quadro angustiante que faz dessa doença uma das mais terríveis e temidas, apesar da baixa incidência e da eficiência de algumas medidas preventivas simples.

Um grande número de estudos sobre o genoma e os mecanismos de ação desse vírus fez com que seu genoma seja mais conhecido do que o de qualquer outra forma viva. Nessa luta foram investidos capitais e recursos humanos como poucas vezes antes, mas uma cura propriamente dita ainda não está à vista e nem, na verdade, uma forma confiável de vacina. Essa é a prova, se necessário fosse, de que o dinheiro e as estruturas são indispensáveis para os progressos da pesquisa científica, particularmente a biomédica, mas de que tudo isso sozinho não pode garantir o sucesso.

É preciso tempo, genialidade e também uma boa dose de sorte. É claro que, quando o fio da meada for encontrado, essa doença também se tornará banal e talvez em algum tempo as pessoas nem se lembrem mais dela. Mas por enquanto estamos preocupados, e muito.

No estágio atual, foram criados e testados alguns coquetéis de medicamentos que prolongam de maneira sensível e até salvam a vida dos pacientes infectados, mas nos países subdesenvolvidos, onde tudo falta – a disponibilidade econômica em primeiro lugar –, a população continua a morrer de AIDS. É importante observar, porém, que na África equatorial, por exemplo, não se morre de AIDS, mas de privações, desnutrição ou má nutrição e é exatamente nessas condições endêmicas que a terrível doença golpeia como um verdadeiro flagelo. Nessas regiões, a AIDS serve como indicador de um estado de prostração física e de depauperação orgânica generalizada que caracterizam essas populações sem que, por enquanto, se possa entrever uma verdadeira solução social e política para esse autêntico drama.

Mas como foi que a AIDS explodiu com tamanha ferocidade em tão pouco tempo? No passado, era muito provavelmente uma doença endêmica de algumas populações de macacos, nas quais fazia vítimas, mas num ritmo bastante brando e com uma virulência de média gravidade. Mas em seguida ela mudou de espécie, passando dos macacos para os homens. Se antes não conseguia penetrar em nossas células, depois, graças a uma série de mutações, tornou-se capaz de atacar os linfócitos T do ser humano.

A teoria da evolução nos diz que, quando um parasita muda de espécie hospedeira, ele se torna particularmente agressivo e, quando permanece na mesma espécie por muito tempo, ele estabelece uma espécie de acordo com o hospedeiro, pois realmente não faz parte dos interesses do parasita matar sistematicamente o hospedeiro. Portanto, quando uma determinada patologia é endêmica numa espécie, geralmente não é muito virulenta; pode ser mortal, mas não num percentual muito alto; no entanto, quando muda de espécie, ela não "conhece" o hospedeiro e se expressa da mesma maneira que usava antes, só que aquilo que significava uma determinada taxa de mortalidade entre os macacos provocou, no homem, uma mortalidade muito mais alta, unida a uma morte extremamente sofrida. O sistema imunilógico é, de fato, frontalmente atacado por esse vírus e, portanto, não é apenas o vírus da AIDS que age sobre o indivíduo, mas todas as outras eventuais doenças infecciosas que se aproveitam da debilidade do sistema imunitário. Hoje, depois de cerca de trinta anos, essa série de mecanismos de compromisso de que falávamos antes começa a entrar em ação novamente.

Vimos que alguns vírus, tanto de DNA, quanto de RNA, podem ocasionalmente causar um tumor, quando se inserem no genoma da célula hospedeira. Isso explica parte do papel das infecções virais na produção de tumores, mas ainda não é tudo.

A produção de novas mutações tumorais pode acontecer com os vírus de DNA, mas também com alguns vírus específicos de RNA, chamados de retrovírus. Para conseguir se replicar, eles têm de transformar seu genoma de RNA numa cópia de DNA que se insere no genoma da célula hospedeira, causando eventualmente o mesmo tipo de mutações de um vírus de DNA. A passagem de um genoma de RNA para sua cópia de DNA ganha o nome de transcrição inversa ou retrotranscrição – pois se trata de uma operação invertida em relação à transcrição celular normal que leva do DNA ao RNA mensageiro. É exatamente dessa operação que deriva o nome de retrovírus. Para continuar seu ciclo e produzir outras partículas virais, o retrovírus precisa realizar em seguida a operação inversa: retransformar o próprio DNA em RNA para poder inseri-lo como genoma viral nos invólucros das novas partículas virais.

Nessa altura, pode acontecer algum fato extraordinário capaz de transformar um retrovírus num vírus oncogênico propriamente dito, assim chamado porque pode causar um certo número de tumores diretamente e de maneira sistemática. Vimos que, para completar seu ciclo reprodutivo, o retrovírus tem que transcrever a cópia de RNA de seu genoma viral para seu DNA e em seguida encapsulá-lo em seu próprio invólucro externo. Ao fazer isso pode cometer um erro, improvável, mas não impossível: pode carregar consigo toda a sequência do oncogene no qual estava aterrissado. Quando isso acontece, a partícula viral porta consigo, daí em diante, um oncogene já pronto e ativado. Na infecção seguinte, o vírus certamente será temível, pois carregará consigo um agente tumoral ativo que pode se transferir para qualquer célula infectada. E assim, ele terá se transformado num poderoso agente tumoral. Os vírus oncogênicos, aos quais, por motivos não completamente claros, a nossa espécie é quase imune, matam muitos animais domésticos, além de muitas plantas, com incalculáveis danos econômicos. Os mecanismos que levam à patologia são incrivelmente variados: existem muitos caminhos para ficar doente, mas um só para permanecer são. Não podemos, portanto, deixar de nos espantar e quase de nos congratular ao ver que, apesar de tudo, muitos de nós passamos grande parte da existência gozando de saúde.

Os retrovírus são um componente bizarro, mas fundamental no espetáculo da vida. Mais de 10% do DNA do nosso genoma, por exemplo, é feito de "cadáveres" de retrovírus. De vez em quando, um retrovírus que colocou seu DNA em nosso genoma não consegue mais recuperá-lo, deixando-o lá mesmo, "bloqueado" para sempre dentro do nosso genoma. Trata-se de uma espécie de cadáver do seu genoma, na maioria das vezes completamente neutralizado e, portanto, pelo menos em teoria, não danoso. Nosso genoma está cheio desses cadáveres, no mínimo aquela parte dele que não codifica proteínas e cuja função não conhecemos em profundidade.

Esse fato pode ser considerado uma esquisitice, mas abre uma janela para as coisas que acontecem e que já aconteceram no passado dentro das nossas células, que temos muita dificuldade para perceber e que, na verdade, não percebemos direito. Nosso genoma conserva a memória de muitíssimos eventos do passado, alguns significativos – e nesse sentido, podemos considerá-lo como uma espécie de "resumo dos capítulos anteriores" –, outros menos, outros ainda fortuitos, ou seja, produzidos pelo acaso e ao sabor dos acontecimentos. Talvez um dia o homem descubra que nada disso é casual, mas por enquanto não existem explicações.

De vez em quando, alguns desses cadáveres de retrovírus podem despertar (como os zumbis do cinema) e se tornar potencialmente perigosos, em condições muito particulares: por exemplo, no caso dos xenotransplantes, ou seja, o transplante de um órgão de uma espécie para a outra (*ksénos* quer dizer estrangeiro em grego). Para suprir a carência de órgãos para transplantes, foram feitas muitas pesquisas, sobretudo nos Estados Unidos, na esperança de poder retirar alguns órgãos de outros animais, como, por exemplo, o porco (cujo coração tem forma e dimensão muito semelhantes ao nosso), para utilização em pacientes humanos.

No entanto, pelo menos até agora, os progressos dessa prática não foram os esperados e muito provavelmente ela será superada pelo recurso às células-tronco para produzir tecidos e órgãos. Além disso, verificou-se que quando se transplantava um órgão de uma espécie diferente, os retrovírus contidos nele podiam despertar e dar lugar a tumores. Isso acontece porque os retrovírus se viam numa situação diversa daquela em que estiveram adormecidos durante anos. Trata-se de uma perspectiva que precisa ser levada em conta no planejamento de experiências e intervenções.

Além das bactérias e vírus, existem os fungos causadores de patologias e alguns protozoários. Os fungos são particularmente difíceis de combater, embora só muito raramente causem patologias. Algumas pneumonias de natureza fúngica podem ser extremamente perigosas, pois os antibióticos normais não funcionam contra os fungos: é preciso usar substâncias mais específicas, chamadas antimicóticas. O mesmo acontece em relação aos protozoários, que produzem pouquíssimas patologias nos países desenvolvidos, mas nos países subdesenvolvidos dão lugar a uma ampla faixa de doenças infecciosas.

Podemos tirar duas conclusões desse raciocínio. Antes de mais nada, a natureza quer bem a todos, seja quem ataca, seja quem se defende. Portanto, ela não favorece ninguém e tudo se reduz a uma luta entre formas de vida diferentes, cada uma pela própria afirmação. No entanto, graças aos estudos sobre o assunto, conseguimos criar uma série de equipamentos médicos, de desinfetantes, antiparasitários, antibacterianos, antivirais que hoje nos deixam quase completamente protegidos contra as doenças infecciosas que, no curso da história, produziram mais desastres em termos de vidas humanas do que as guerras, embora os períodos de guerra tenham favorecido, em todas as épocas, os contágios e epidemias.

A época em que a Europa ou outras partes do mundo eram atravessadas por epidemias desastrosas parece ter chegado ao fim e podemos esperar que, nos próximos oitenta, cem anos, tudo continue a caminhar nessa mesma direção.

SUBSTITUIR AS PEÇAS AVARIADAS

Há algumas décadas, é possível substituir uma parte ou um órgão inteiro lesado por um acidente, por uma doença, por um tumor ou simplesmente pelo desgaste do passar dos anos. Tudo começou com o coração: o primeiro transplante foi feito em 1967. Hoje, os transplantes são feitos em vários níveis e já fazem parte da prática comum: coração, fígado, rins, às vezes até juntos. O mecanismo é simples: o órgão avariado é substituído por um outro retirado do doador, uma pessoa que sofreu um acidente com morte cerebral comprovada, mas cujos órgãos estão sãos. Trata-se de uma grande corrida de solidariedade humana, sustentada por um incrível progresso dos conhecimentos: no início, substituía-se apenas o sangue, com as transfusões, depois também os órgãos vitais.

O que tornou tudo isso possível foi o fato, já mencionado, de que cada célula contém uma cópia do genoma. Não fosse isso, uma célula não poderia sobreviver fora do próprio corpo.

A relação entre quantidade de órgãos necessários e quantidade dos órgãos disponíveis é, no entanto, sempre maior do que um para um, apesar do aumento dos doadores, porque o número de nações, instituições e pessoas que têm acesso a essa tecnologia também aumenta paralelamente. As listas de espera dos centros que fazem transplantes são, portanto, cada vez mais longas.

A perspectiva mudou radicalmente há mais ou menos uma década, quando os jornais falaram da ovelha Dolly, nascida da fecundação *in vitro* de um gameta feminino, o óvulo, cujo núcleo foi retirado e inserido em seguida em outra célula. No que diz respeito ao nosso discurso, a única coisa que conta é que o núcleo, retirado de uma célula já adulta (que, portanto, já tinha uma história em andamento), foi capaz de esquecer todo o seu passado, suas determinações e caracterizações e recomeçar do zero na nova célula.

Deixando o fenômeno Dolly de lado, ficou claro que era possível rejuvenescer uma célula ou pelo menos um núcleo celular também num mamífero, o que já tinha se verificado nos anfíbios, mas não em outras categorias de animais. Nesse contexto, rejuvenescer significa fazer retornar a um nível inicial, indeterminado, no qual ainda há um número enorme de escolhas a fazer.

Abriu-se assim a possibilidade de pegar um grupo de células – mesmo adultas e de qualquer tipo – e suprimir suas características para, em seguida, desenvolvê-las e prosseguir na direção desejada, produzindo tecidos e partes de órgãos em laboratório para transplantes, seja para casos excepcionais, seja, se houver grande disponibilidade do material, para casos mais comuns como, por exemplo, a substituição de um órgão parcialmente desgastado.

A questão ganhou o nome geral de *células-tronco*. Essa locução já existia antes de tais acontecimentos e se referia a algumas células particulares do nosso corpo que se reproduzem em continuação, iguais a si mesmas, mas que de vez em quando se diferenciam em algo definido, ou seja, transformando-se em pele ou mucosa intestinal ou ainda músculo, etc. Nesse sentido, possuímos células-tronco do sangue, da pele, das mucosas, da córnea, dos músculos e até de algumas localizações do sistema nervoso. O termo, usado há anos em biologia e medicina, tinha, portanto, uma multiplicidade de significados e era antes uma abstração do que uma entidade específica.

Hoje, no entanto, a expressão assumiu um significado novo e muito preciso. Indica células de qualquer proveniência que possuem três características fundamentais: em primeiro lugar, ainda são capazes de se reproduzir; em segundo lugar, não são muito caracterizadas; e por último e mais importante de tudo, são capazes de se "reeducar" e, portanto, assumir a direção que desejamos quando necessário.

Para atingir esse objetivo, são necessárias duas condições: uma certa abundância de células-tronco e o conhecimento das substâncias químicas e dos tratamentos que permitem que elas tomem o caminho evolutivo que fará com que se transformem em células diferenciadas de um tipo particular. É importante precisar que ainda faltam alguns conhecimentos de biologia fundamental capazes de garantir o pleno sucesso do empreendimento. Esse é um dos muitos exemplos da enorme diferença que existe entre a ciência real e a ciência amadora e de como muitas vezes esta última aumenta enormemente alguns problemas e negligencia ou esquece por completo alguns outros.

Onde podemos obter células-tronco? Antes de mais nada, é preciso distinguir entre as células-tronco já disponíveis, das quais se fala há tempos, e aquelas preparadas para um determinado objetivo, das quais só começamos a falar recentemente. As células-tronco já prontas se encontram nos embriões ainda formados por poucas células, nos embriões precoces, nos fetos, no cordão umbilical, mas também no adulto, pois as células do sangue, por exemplo, se consomem e se regeneram continuamente e, portanto, são necessárias células-tronco capazes de substituí-las. O mesmo raciocínio vale para as células-tronco da pele ou da mucosa intestinal. Há vinte anos, a descoberta de que existem células-tronco também no cérebro de um adulto causou um grande efeito: embora se diga quase sempre que as células do cérebro não se regeneram, num cérebro adulto existem alguns pequenos grupos de células ainda capazes de se multiplicar e se diferenciar, ou seja, capazes de se regenerar.

As células retiradas do embrião precoce sabem fazer tudo, pois um organismo inteiro vai derivar daquele embrião, mas à medida que o desenvolvimento avança, suas potencialidades se restringem cada vez mais: em vez de totipotentes (capazes de fazer tudo), tornam-se pluripotentes (capazes de fazer muitas coisas).

Trava-se há vários anos um debate sobre a legitimidade da pesquisa com células-tronco embrionárias que, retiradas do embrião precoce – ou seja, com menos de 14 dias de gestação – são certamente as mais promissoras. No entanto, segundo algumas posições éticas, embora tão precoce, o embrião já é um ser humano e a retirada das células poderia colocá-lo em risco ou até matá-lo. Mas como já dissemos anteriormente, é possível retirar uma célula de uma massa de pelo menos oito células sem com isso danificar o desenvolvimento das restantes: esta é a célula-tronco ideal, mas as células-tronco retiradas do embrião precoce também são ótimas e com certeza igualmente totipotentes. No entanto, existe um problema posterior: obviamente, a retirada é feita num embrião fecundado *in vitro* e, portanto, muitos ainda são contrários ao procedimento. Pelo mesmo motivo, não se pode fazer um diagnóstico pré-natal pré-implantação na Itália, embora, depois do referendo de 2005, alguns tenham ventilado que seriam promulgados decretos aplicativos para permitir esse procedimento.

Uma posição mais moderada considera, ao contrário, que antes do décimo quarto dia não se pode falar de ser humano e que, portanto, a retirada é lícita. O que acontece de tão importante no décimo quarto dia? Muitas coisas simultaneamente: fica estabelecido onde será a cabeça e a cauda, isto é, o cóccix, do futuro indivíduo; forma-se uma primeira linha dorsal identificável que se transformará depois na medula espinhal e na coluna vertebral e, por fim, encerra-se o período no qual podem nascer dois ou três indivíduos do mesmo embrião, como acontece no caso dos gêmeos monozigóticos ou idênticos.

Esses últimos são gêmeos derivados da fecundação de um único óvulo, que passa a se chamar zigoto e que dá origem a uma subdivisão do embrião em dois ou três. Nesse caso, os gêmeos são geneticamente idênticos porque derivam da mesma célula originária, que porta um determinado patrimônio genético. É uma eventualidade completamente diferente do caso dos gêmeos não idênticos ou bivitelinos, que derivam, ao contrário, de dois óvulos fecundados por dois espermatozoides diferentes, que se desenvolveram juntos por puro acaso. Conceitualmente, existe um abismo entre os gêmeos bivitelinos ou fraternos e os gêmeos idênticos. Estes últimos só podem se formar nos primeiros 14 dias de gestação. Segundo algumas pessoas, esse momento representa, portanto, o início da individualidade, pelo menos a biológica.

Naturalmente, não existem apenas células-tronco embrionárias. Existem outras também, mas é convicção geral que sua aplicação potencial é menor, pois quanto mais se avança no desenvolvimento, mais se restringe o campo dos destinos possíveis. A discussão sobre as células-tronco adultas (ou seja, retiradas de um adulto) e as células-tronco embrionárias se mantém há vários anos e deve continuar assim por muitos mais.

No entanto, cerca de seis anos atrás, aconteceu num laboratório japonês uma coisa destinada a colocar um ponto final nessa polêmica: os cientistas conseguiram produzir células-tronco a partir de células adultas. O procedimento, repetido posteriormente em outras partes do mundo, não é muito diferente daquele que levou ao nascimento da ovelha Dolly, mas nesse caso eles não agiram simplesmente no núcleo, mas em toda a célula, seguindo um determinado esquema lógico.

Uma célula adulta já tem um certo número de sinais no DNA que mantêm alguns genes "acesos" e outros "apagados". Para que a célula em questão se transforme em célula-tronco é necessário saber retirar alguns desses sinais para que ela possa partir do zero: como no zigoto original, os genes não sabem se devem ficar acesos ou apagados: eles esperam ordens. Portanto, a célula adulta é reprogramada, ou, se preferirmos, reeducada através da inserção de quatro genes reprogramadores que têm a função de apagar o passado do genoma do núcleo. Dois desses genes pertencem ao grupo que estudei cerca de vinte anos atrás, chamando-os de "genes arquitetos", isto é, capazes de dar ordens aos outros genes. Por enquanto, ainda não está claro se este será o caminho a ser seguido ou se encontraremos outros melhores, mas desde já podemos evitar completamente o debate ético-social sobre as células-tronco, pois seriam células adultas retiradas de uma pessoa qualquer e retransformadas em células-tronco.

Além disso, tal procedimento apresentaria outra vantagem: partindo de células pertencentes a uma pessoa conhecida, é possível determinar todas as suas características genéticas: como essas células devem dar origem a um tecido, uma parte de um órgão ou um órgão para transplante, é ótimo que exista compatibilidade entre os genes do receptor e do doador. Nesse caso, a partir de uma célula pré-selecionada (que poderia ser até do próprio receptor), as probabilidades de que o órgão criado e o transplante executado obtenham sucesso são altíssimas.

Muito se falou das células-tronco de maneira inadequada: antes de mais nada, a discussão sobre o meio de obtê-las não tem muito sentido se considerarmos que, mesmo diante de uma caixa cheia de células-tronco perfeitas, não saberíamos o que fazer delas: de fato, os tratamentos ou as substâncias a administrar a uma célula-tronco para transformá-la em osso, músculo, nervo, etc., ainda não são conhecidos. Por enquanto, só somos capazes de criar pele e córnea. Todos acreditam que o próximo tecido produzido será o músculo, mas o caminho ainda é bastante longo. É lícito esperar que, em algumas décadas, sejamos capazes de criar qualquer tipo de órgão.

Naturalmente, isso implica um investimento enorme, o que não diz respeito apenas à ciência, mas sobretudo à sociedade e, em particular, ao sistema de saúde, que verá suas despesas aumentarem. Por outro lado, todo ser humano tem direito a ser tratado e os transplantes de órgãos devem estar disponíveis para todos. A produção de órgãos e seu transplante devem se transformar num dos itens mais importantes da política de saúde, senão da política econômica de qualquer governo. Você, que ainda é tão pequeno, vai viver mudanças imensas.

As células-tronco e seu cultivo poderiam contribuir para a consolidação da terapia genética que discutimos no segundo capítulo. Vimos que o grande obstáculo para sua consolidação é representado pela dificuldade da célula que sofreu a intervenção de tolerar o gene estranho, tentando portanto expeli-lo, ou pelo menos desativá-lo, impedindo que a operação apresente qualquer utilidade. Podemos pensar então em introduzir o gene em questão numa cultura de células-tronco e esperar o tempo necessário para distinguir quais delas mantêm e fazem funcionar o gene e quais não. Usando somente as células que mantiveram o gene, será possível produzir o tecido ou órgão que nos interessa. Essa "colaboração" entre células-tronco e terapia genética poderia, portanto, superar os limites atuais e abrir uma era de grandes conquistas clínicas. Atualmente, em várias partes do mundo são feitos muitos transplantes não autorizados ou, melhor dizendo, não justificados, nos quais se usam células-tronco das mais variadas procedências, que são inseridas em partes doentes do corpo: por exemplo, ao redor dos nervos atingidos pela esclerose múltipla, no interior de um coração que sofreu um infarto ou dentro de um músculo atingido por uma doença degenerativa. Até o momento, tais procedimentos não têm nenhum fundamento terapêutico: uma célula – mesmo uma célula-tronco – retirada e colocada numa área corporal ao acaso, na ausência de um ambiente celular apropriado e bem preparado, não sobrevive muito tempo. Pode apresentar um efeito positivo momentâneo, mas em seguida degenera e morre.

É sempre bom repetir isso, pois, diante dos pedidos de pacientes muito graves ou moribundos, muitas vezes se oferecem terapias milagrosas com células-tronco que não têm origem clara. Tais terapias não apresentaram efeitos positivos em nenhum caso. O órgão que recebe as células não pode reconhecê-las e, na melhor das hipóteses, isso causa uma espécie de pequena cicatriz momentânea que não tem nenhuma aplicação terapêutica. Provavelmente, a técnica ainda será experimentada, sobretudo nos casos em que o paciente está condenado à morte e não existe, portanto, nenhum obstáculo moral. Mas não é assim que a ciência procede, nem a medicina. Só há progresso verdadeiro quando existe conhecimento dos princípios gerais e dos mecanismos de ação.

Simultaneamente ao anúncio do nascimento de Dolly e com o início da discussão midiática sobre as células-tronco, começou-se a falar em clonagem, um dos muitos termos pseudocientíficos cunhados pelos meios de comunicação que fizeram grande sucesso de público. Clonagem significa produção de células por descendência direta a partir de outras células, de modo que sejam geneticamente idênticas umas às outras. É uma operação executada diariamente em todos os laboratórios do mundo quando realizam culturas celulares. Salvo acidentes, as células originadas por descendência direta de outras células são geneticamente idênticas a elas. As células em questão podem ser animais, vegetais ou bacterianas.

No entanto, o termo clonagem se referia agora a um procedimento mais complexo que implica a passagem através da formação de um zigoto, ou seja, um óvulo fecundado, e isso ocorreu exatamente por conta do choque provocado pelo nascimento, na verdade bastante particular, de Dolly. Como já vimos, Dolly nasceu de um óvulo fecundado cujo núcleo, contendo obviamente o seu DNA, foi retirado e substituído pelo núcleo de outra célula retirada de outro animal já adulto. Como resultado, o novo óvulo fecundado assumiu a identidade genética do animal doador, pois possuía seu núcleo e, portanto, o seu DNA.

O animal assim originado, neste caso a ovelha Dolly, será geneticamente idêntico, ou quase, à ovelha de cuja célula foi retirado o núcleo para a transferência, através de um procedimento que também é chamado de transferência nuclear. Na teoria, todas as células de Dolly têm o mesmo DNA, ou seja, o mesmo patrimônio genético do animal doador. Se quisermos, podemos dizer que Dolly é um "clone" deste animal e que esse clones poderiam se repetir, se quiséssemos, ao infinito. Foi então que a palavra clonagem ganhou o significado de produção de um indivíduo completo, cujas células são todas geneticamente idênticas à célula original.

É este o significado dominante na mídia e na conversação cotidiana hoje em dia, mesmo porque nesse meio-tempo foram gerados inúmeros organismos – ovelhas, cabras, vacas, cavalos, cães, gatos, etc. – através desse procedimento e outros muito semelhantes. É inútil dizer que a operação só tem sentido se o animal que se deseja clonar é muito bem constituído.

Enquanto isso, falou-se muito também na clonagem de seres humanos. A questão gerou apreensão e foi objeto de grandes discursos e disputas. Para esclarecer as coisas, a própria mídia introduziu a distinção entre clonagem terapêutica e clonagem reprodutiva. Através da clonagem reprodutiva, são produzidos organismos inteiros, enquanto a clonagem terapêutica produz apenas tecidos, partes de órgãos, ou órgãos completos para serem utilizados em eventuais transplantes e recai, portanto, no âmbito das células-tronco.

Qual é a ligação entre células-tronco e clonagem? Para produzir órgãos ou partes de órgãos, vimos que é possível partir de células-tronco, se possível, totipotentes. O ideal para o sucesso da operação é que as células-tronco sejam geneticamente idênticas às da pessoa que vai receber o transplante, que representem, portanto, um clone delas, de modo a evitar o problema da rejeição. Hoje em dia, o problema parece resolvido com a preparação de células-tronco artificiais a partir de uma única célula, ou mais de uma por segurança, do indivíduo que deve receber o transplante. Até alguns anos atrás, ao contrário, só era possível usar células-tronco já prontas, que por sua vez, tinham de ser retiradas de um embrião precoce ou precocíssimo derivado de uma transferência nuclear. Nenhum experimento do gênero foi executado, mas é conceitualmente possível: toma-se um óvulo fecundado de um ser humano e retira-se seu núcleo, que será substituído pelo núcleo retirado de uma célula do indivíduo que deve receber o transplante. A célula assim tratada dará lugar a um embrião do qual se pode, eventualmente, retirar células-tronco para produzir os tecidos e órgãos desejados.

Não sei dizer quando isso tudo vai acontecer, nem se o método usado passará pela transferência nuclear ou não, mas é bastante fácil prever que a operação logo será possível e muito difundida.

Resta a questão da clonagem reprodutiva, já aplicada com sucesso em diversos tipos de animais, mas nunca tentada no homem, apesar das notícias contrárias divulgadas em várias partes do mundo nesses últimos anos. Não sabemos se isso será possível no futuro, mas é sempre bom repetir, como já se fez várias vezes, que os eventuais clones não serão absolutamente idênticos aos indivíduos de origem, embora tenham o mesmo patrimônio genético. Estes clones eventuais não serão mais semelhantes aos indivíduos de origem do que dois gêmeos idênticos: não terão sequer as mesmas impressões digitais. Clonar seres humanos não é, portanto, muito útil, antes mesmo de abordar todos os obstáculos morais e sociais. No entanto, é possível produzir portadores de um genoma que não seja idêntico a outro já existente, mas tenha alguns genes a mais ou a menos ou alguns genes pouco ou muito modificados, conforme já vimos e como veremos mais adiante.

Já observamos, a propósito das bactérias, que o DNA é tudo para uma célula. Nesse caso, falamos de células bem diferentes e de organismos pluricelulares, mas a história de Dolly e toda a questão das células-tronco para transplantes têm demonstrado que, mais uma vez, a história não é tão diferente: por ora, fala-se de transferência do núcleo celular, mas com certeza não está muito distante o dia em que será possível transferir também o DNA que ele contém. Cada um que julgue como quiser, mas essa será uma outra grande meta do caminho da humanidade para sua libertação dos vínculos biológicos e para sua própria emancipação.

REPARAR E RECONSTRUIR

Quando se constata que a vida está se prolongando, uma das objeções que se levantam com maior frequência diz respeito à qualidade do envelhecimento: de que serve viver mais para viver mal? Não resta dúvida de que o argumento tem fundamento, pois, mais do que a vida, seria útil estender o período da juventude.

Dissemos no início que o grande impulso estatístico para o prolongamento da vida vem da diminuição drástica da mortalidade infantil em todas as partes do mundo, mas na realidade muitíssimos progressos vieram também da melhoria da qualidade de vida durante a velhice, pelo menos nos países desenvolvidos. De fato, a percepção da velhice mudou muito nesses últimos anos: quando eu era pequeno como você, um homem de 70 anos era considerado um ancião e hoje ninguém mais pensa assim; um sessentão era idoso e hoje eles passam quase despercebidos. Somente quando se começa a chegar aos 80, 85 anos é que o discurso muda. Nessa idade, entra em cena uma série de doenças que eram bastante raras no passado, dado que pouca gente superava os 85. Tais doenças podem ser resumidas pela expressão "doenças degenerativas".

Na realidade, tudo o que acontece a partir dos 18 anos tem as características de uma degeneração, pois a parábola da vida sobe até os 18 anos, mantendo-se num nível mais ou menos alto por diversos anos para entrar, em seguida, em fase descendente. As doenças degenerativas são, no entanto, aquelas em que se percebe uma clara, evidente degeneração, ou seja, uma fadiga e uma deterioração de diversos órgãos. As mais difundidas são as doenças cardiovasculares e cerebrais.

As doenças cardiovasculares são uma verdadeira ameaça no mundo de hoje e constituem um item bastante consistente no balanço da morte; as doenças neurodegenerativas são menos difundidas, mas extremamente desagradáveis. Podemos dizer que a tríade tumores, doenças cardiovasculares e doenças neurodegenerativas domina a idade avançada. Naturalmente, estamos falando dos países desenvolvidos, pois nos subdesenvolvidos, apesar dos muitos progressos em relação ao passado, as pessoas que chegam à velhice ainda são relativamente poucas.

Nas doenças cardiovasculares, o coração ou os vasos que fazem o sangue fluir para o coração e do coração começam a apresentar diversos problemas, que podem ser resumidos no conceito de perda de elasticidade. Trata-se, em ambos os casos, de fibras mais ou menos compactas e resistentes à tensão, que são submetidas a impulsos ritmados e bastante fortes. Se quisermos que o sangue chegue a todas as partes do corpo, é necessária uma bomba (no nosso caso, justamente o coração), que não pode funcionar de maneira contínua, mas intermitentemente. Todo o sistema tem de resistir a essa onda de pressões hidráulicas que, analisadas de um ponto de vista físico, são realmente notáveis.

Enquanto o tecido se mantém elástico, não há problema. Mas, com o passar dos anos, o tecido torna-se cada vez menos elástico e podem acontecer rupturas de vários tipos. Contudo, a causa predominante de morte é outra: partindo das paredes do coração e dos vasos, pequenas massas de células podem se destacar, se deslocar e obstruir algum vaso, grande ou pequeno. No primeiro caso, não se percebe nada; no segundo, a oclusão pode produzir um trombo ou um êmbolo e ser fatal. Já aprendemos muita coisa sobre o mecanismo e as causas possíveis da formação de um trombo: sabemos, por exemplo, que o colesterol desempenha um papel essencial em toda essa dinâmica ou, para ser mais preciso, um determinado tipo de colesterol. No entanto, gostaríamos de saber muito mais, por exemplo, sobre a duração dos eventos...

Do ponto de vista prático, o que aumentou não foi a capacidade de curar, mas sim de diagnosticar de maneira cada vez mais precoce o aparecimento de massas obstrutoras, além da difusão das técnicas operatórias capazes de intervir nos vasos e restabelecer a circulação do sangue.

O campo das doenças cardiovasculares ainda é, em grande medida, cirúrgico e empírico. Pode ser que amanhã tudo mude e que isso também seja retirado da cirurgia para ser entregue à farmacologia e à terapia genética. Mas uma coisa é certa: quando se consegue controlar a pressão sanguínea, a vida do indivíduo se alonga muito. Somente a introdução dos medicamentos hipotensivos, que no passado eram apenas os chamados betabloqueadores e que hoje são muitos e pertencentes a várias famílias farmacológicas, estendeu a vida em pelo menos uma década.

A pressão sanguínea é perigosa quando é baixa demais, mas sobretudo quando é alta demais. É ainda mais perigosa quando apresenta saltos frequentes. Aquilo que chamamos de pressão arterial indica na realidade duas pressões: a pressão geral do coração na origem (a chamada máxima) e aquela gerada em alguns vasos fundamentais (a mínima), que leva em conta a primeira, mas também a elasticidade dos próprios vasos. O ideal seria ter a tanto máxima quanto a mínima nos limites do normal, coisa que acontece naturalmente até uma certa idade e que necessita depois de uma ajuda farmacológica, para tornar o sangue mais fluido, mais capaz de deslizar.

Muito já se escreveu sobre o que é bom ou ruim para a pressão alta: no que diz respeito à pressão dos vasos, ou seja, à mínima (que deveria ficar em torno de oito/nove), o estado de estresse cotidiano influencia muito. A questão dos vasos refere-se também ao cérebro, porque o trombo também pode se formar em áreas cerebrais. Nesse caso, fala-se de embolia cerebral ou acidente vascular cerebral. Mesmo tendo um peso que corresponde a apenas 2% do nosso corpo, o cérebro consome 20% das nossas energias e precisa, portanto, respirar continuamente, ou seja, necessita de oxigênio e materiais nutritivos. A célula nervosa do cérebro não suporta ficar sem sangue mais do que alguns segundos; do contrário, morre de necrose e não se regenera. Segundo o tamanho da região atingida por uma eventual necrose, o cérebro pode sofrer danos funcionais gravíssimos. Muitas das chamadas demências senis, pelo menos em sua forma incipiente, são na verdade devidas à má circulação do sangue: melhorá-la significa aumentar também a funcionalidade do cérebro, preservando-o do envelhecimento.

Vamos abrir agora um pequeno parêntese: nas últimas décadas aprendemos muito a respeito do funcionamento do cérebro, graças a algumas máquinas de nomes mais ou menos estranhos, como TAC, PET, ressonância magnética, ressonância magnética funcional, que servem para medir a densidade local do sangue nas várias áreas do cérebro. O cérebro, como dizíamos, precisa de sangue sempre e, em condições normais, é muito irrigado, mas não de uma maneira totalmente uniforme: a área do cérebro, e em particular do córtex, que está trabalhando num determinado momento recebe mais sangue do que as outras. Por exemplo, quando falamos, a área mais irrigada é a área de Broca, na têmpora esquerda; quando ouvimos e tentamos entender o significado das palavras, o sangue se adensa ligeiramente mais atrás, na área de Wernicke. Quando tentamos decifrar um símbolo visual que não conhecemos bem, como uma letra de um alfabeto diferente do nosso, o sangue aflui para a parte posterior do hemisfério direito.

Em suma, o cérebro "direciona" o sangue para onde ele é mais necessário, num processo psicofísico bastante rápido. As técnicas modernas de visualização permitem identificar qual a área do cérebro que está recebendo sangue em maior quantidade num indivíduo vivo, saudável e que esteja realizando uma determinada ação mental. Graças aos mais recentes triunfos das neurociências, conhecemos cerca de 250, 300 regiões cerebrais, embora ainda se trate de uma subdivisão aproximativa, pois os métodos disponíveis não apresentam uma resolução que vá além da dimensão de uma ervilha e em tempos não exatamente breves.

Este simples fenômeno da localização cerebral permite compreender melhor o funcionamento do cérebro nos diversos momentos do dia e em suas várias funções, da percepção à atenção, da memória ao sono, do esforço visual ao acústico. Mas ainda não permitiu que descobríssemos o que talvez nos interessasse mais, ou seja, como funciona o raciocínio, o pensamento, embora já se saiba onde se situa. Pensamos, ou seja, associamos coisas diversas com a parte frontal do córtex cerebral, que corresponde à testa.

Há décadas essa área é considerada, em bases intuitivas, o centro do pensamento e da inteligência; agora tivemos a demonstração disso. De fato, todas as outras áreas corticais demonstram ter uma função específica, motora ou sensorial. A área frontal, na parte anterior do cérebro é, ao contrário, totalmente "livre", no sentido de que não tem funções específicas, está livre para associar, conectar percepções e lembranças de modo a produzir o que chamamos de pensamento.

Junto com as grandes aquisições das neurociências, criou-se uma disciplina secundária que alguém batizou de neuroética. Hoje em dia, temos condições de direcionar os comportamentos dos seres humanos, prevê-los, verificar, por exemplo, se dizem a verdade. Discutem-se as possíveis aplicações em dois campos diversos. De um lado, seu uso no *marketing*, com o objetivo de direcionar os clientes para uma compra e não para outra (falou-se até de "guichês inteligentes", com capacidade de ler as emoções do cliente através da análise de suas ondas cerebrais e de modificar seu comportamento); do outro, o campo de aplicação forense. Assim como o DNA se tornou importantíssimo para estabelecer uma paternidade ou uma identidade em casos de estupro ou de homicídio, por exemplo, e substitui completamente antigas provas como impressões digitais ou grupo sanguíneo, assim também o estudo do cérebro poderia servir para estabelecer se uma pessoa está ou não em condições de entender e de querer, ou para estabelecer se está mentindo ou dizendo a verdade. Hoje, ainda estamos distantes de aplicações desse tipo, mas em trinta anos elas certamente serão uma realidade.

Mas voltemos ao envelhecimento e particularmente ao envelhecimento cerebral. O cérebro também está exposto ao risco de envelhecer mal. Nesse caso, falamos de doenças neurodegenerativas – uma constelação de patologias diversas com cursos e causas completamente diferentes –, que podem dizer respeito tanto ao sistema nervoso periférico, isto é, aquele que se encontra no corpo inteiro, quanto ao sistema nervoso central, que se encontra na cabeça. O cérebro envelhece a cada dia, embora mais lentamente do que o coração ou os vasos, mas em algumas situações, às vezes sem nenhum aviso, pode abandonar completamente a sua função por ter sido assaltado por uma doença neurodegenerativa grave como, por exemplo, o mal de Alzheimer, tristemente famoso hoje em dia, mas quase desconhecido até trinta anos atrás.

O Alzheimer atinge sobretudo pessoas de idade avançada: pelo menos 5% das pessoas com mais de 65 anos, cifra que aumenta muito entre os que têm mais de 85 anos. As pessoas com mais de 80 anos representavam 1% de toda a população trinta anos atrás e subiram hoje para 5%. De fato, o que mudou mais drasticamente foi a distribuição dos indivíduos pelas diversas faixas de idade. O século XX foi provavelmente o último a ver mais jovens do que idosos. As pessoas com mais de 60 anos são tão numerosas quanto as crianças de menos de 4 anos, ou seja, cerca de 10% da população. Calcula-se que, em 2025, as crianças de menos de 4 anos serão apenas 6,6% da população, enquanto as pessoas com mais de 60 anos representarão 21,4%: ou seja, a relação será de um para três. Consequentemente, dentro de sessenta anos, quando você for velho, existirão milhares e milhares de pessoas com idade avançada e com esta terrível espada de Dâmocles sobre a cabeça.

No Alzheimer, por uma série de motivos que sabemos descrever mas não explicar, muitíssimas células do cérebro se veem repentinamente cheias de agregados proteicos fibrosos, que se depositam, enrugam a membrana celular e finalmente matam a célula. E como os neurônios mortos não se regeneram, as técnicas de neuroimagem mostram partes inteiras do cérebro mortas e devastadas. Enquanto uma outra doença famosa, invalidante, mas menos trágica, como o Parkinson (que faz com que as células que deveriam produzir dopamina deixem de fazê-lo ou produzam muito pouco), danifica uma região muito específica do cérebro, o Alzheimer, infelizmente, não ataca uma região limitada, mas pode atingir todo o cérebro. As condições mentais regridem progressivamente, até que as pessoas afetadas não sejam mais capazes de reconhecer nem mesmo os familiares. Muitas vezes não são autônomas: de um momento para outro, seu cérebro parece ter virado fumaça. É como se muitos neurônios do doente de Alzheimer se enchessem de serragem, pois não têm mais elasticidade, tornam-se pesados e, no final, se esfacelam.

Hoje, somos quase completamente impotentes contra essa doença. E não podemos, a meu ver, nem sequer invocar os transplantes e a regeneração, como acontece no caso do Parkinson: nesse segundo caso, de fato, é possível substituir as células danificadas por células saudáveis, recuperando-se potencialmente a plena funcionalidade, ou ainda, introduzir pequenas bombas que produzem uma quantidade mínima e dosada de dopamina no lugar das células danificadas. No caso do Alzheimer, não se sabe onde intervir, pois o dano cerebral é muito difuso. Mas já conhecemos a evolução da doença, as proteínas que estão envolvidas e os mecanismos que fazem com que se tornem fibrosas. Os maiores progressos vêm do estudo da variante genética que aparece bastante cedo: é mais fácil de estudar, e como tem traços em comum com a senil, que é mais difusa, pode nos ensinar a entendê-la.

Além do mal de Alzheimer, a outra grande ameaça é representada pela perda de algumas funcionalidades cerebrais, como, por exemplo, a memória. Ainda hoje, na primeira década do novo milênio, não sabemos onde e como estão escritas as nossas lembranças. Sabemos tudo sobre as memórias dos computadores, dos mp3, dos smartphones e conseguimos fazê-los cada vez menores e cada vez mais capazes, mas no que diz respeito ao nosso cérebro, ainda somos pouco informados.

Estamos, no entanto, confiantes no fato de que, uma vez armazenadas, as lembranças não se perdem ou se perdem muito lentamente, sobretudo se são refrescadas de vez em quando. É bom esclarecer que não é a memória, ou seja, a conservação das lembranças, que se perde com a velhice, mas a capacidade de trazê-las à mente. Isso se deve essencialmente à maior lentidão com que o sinal nervoso se move no cérebro.

A memória é uma das faculdades mais importantes, pois, na verdade, as lembranças constituem a nossa identidade. Os próximos anos devem trazer enormes novidades nesse campo. Fala-se com frequência em truques, exercícios ou remédios para ter mais memória; acredito que o caminho certo seja outro. Podemos imaginar um futuro em que um computador de dimensões negligenciáveis seja associado diretamente ao nosso cérebro, em seu interior ou no exterior, para ser consultado em caso de necessidade.

Quando se fala de degeneração, na realidade estamos nos referindo a um número quase infinito de doenças: as principais são, como dissemos, as cardiovasculares e do sistema nervoso central, mas na realidade todos os órgãos degeneram com os anos. Considerando que estamos nos preparando para viver mais – ou melhor, que já estamos vivendo mais –, dois grandes caminhos se abrem para a solução das doenças degenerativas: substituir os órgãos degenerados ou convencer os órgãos degenerados a se regenerar.

A primeira possibilidade diz respeito aos transplantes, de que falamos antes, e de uma maneira mais geral à relação que o homem tem com seu corpo. Num mundo ideal, só o que está danificado deveria ser transplantado, mas a cirurgia estética demonstra que muitas vezes se modifica ou se transplanta também aquilo que não está agradando.

É óbvio que isso tem implicações sociais e políticas: haverá, no futuro, uma grande discussão sobre a legitimidade de substituir determinados órgãos e sobre a eventual gratuidade das intervenções. O século do qual você será protagonista se dirige cada vez mais para a chamada biopolítica: antes, os temas mais quentes eram carbono, aço, petróleo, terras a conquistar; hoje, quando a organização da produção e dos espaços geográficos mostra-se relativamente estável (e esperamos que não se siga uma época de grandes desordens), o que interessa em primeiro lugar é o estado de saúde dos cidadãos.

Uma última possibilidade para melhorar um órgão ou um aparelho é regenerá-lo ou reconstituí-lo. Esse conjunto de técnicas assume o nome de medicina regenerativa, embora não seja muito fácil prever se terá um desenvolvimento consistente ou se permanecerá como uma voz secundária porque, por exemplo, os transplantes se tornarão cada vez mais simples.

A medicina regenerativa tem algumas linhas de tendência que podem ser claramente identificadas e tem alguns fundamentos, todos baseados na observação de que nosso corpo apresenta uma certa capacidade de regenerar células, tecidos e até partes de órgãos e de que em animais diferentes de nós essa capacidade é maior. Típico é o caso da regeneração dos anfíbios, e inúmeras pesquisas atuais voltam-se para a descoberta do que falta em nós para chegar a um nível semelhante de regeneração.

Apesar de alguns sucessos recentes nessa direção, ainda está distante o momento em que compreenderemos esse mecanismo e poderemos eventualmente acioná-lo. De todo modo, a observação desses fenômenos é muito útil para tentar entender seus segredos.

Consideremos o que acontece em condições normais quando se sofre um corte ou um trauma físico de uma maneira mais geral. A primeira coisa que se observa é uma contração local dos pequenos vasos, o que comporta um aumento de fluidos no tecido, observável sob a forma de inchaço ou edema. Esses fluidos orgânicos carregam consigo os componentes moleculares e celulares essenciais para dar início ao processo inflamatório, que leva também à remoção dos detritos do tecido danificado graças à ação dos fagócitos, as células-lixeiras que limpam as várias regiões do corpo de detritos e de cadáveres de células mortas. Essa cadeia de acontecimentos também ativa os precursores celulares da regeneração, entre os quais as células-tronco e realiza uma revascularização da região traumatizada. Ao mesmo tempo, a ferida cicatriza, num processo que previne a perda de sangue ou de fluidos preciosos.

Nessa altura, começa a regeneração, que se anuncia como uma onda de proliferação celular. As células aumentam de número, caracterizando-se cada vez mais na direção do tipo de célula danificada, e o tecido em regeneração se diferencia. Um processo definido como morfogenético completa em seguida a reconstrução, levando à reestruturação anatômica e funcional da zona danificada.

Em primeiro lugar, reconstituíram-se as células danificadas que algumas vezes, num processo compensatório, são até mais numerosas do que no início. Em segundo lugar, realizou-se a revascularização da parte afetada, de modo que possa ser irrigada normalmente, recebendo oxigênio e materiais nutritivos de forma regular. Por fim, reconstituiu-se a forma original da região, ou melhor, de seus tecidos e seus órgãos. A morfogênese, ou seja, a reconstrução da forma, é o ato final e o coroamento do processo. Seus mecanismos foram objeto de numerosos estudos nas espécies mais diversas. Na realidade, existem dois tipos de morfogênese: uma espontânea, que acompanha o desenvolvimento comum do corpo e de suas partes; uma regenerativa, que dispara justamente quando surge a necessidade de uma reparação.

É óbvio que entender esta última seria particularmente útil para o tipo de medicina que estamos examinando. Infelizmente, porém, esse tipo de morfogênese é um processo quase esquecido no homem, pelo menos do ponto de vista evolutivo, e entender o motivo disso faz parte dos esforços que a comunidade científica está realizando. De fato, é claro que a reativação do processo morfogenético constituiria um etapa essencial para regenerar completamente não só a forma, mas também a função dos tecidos.

Tudo isso diz respeito à dinâmica reparadora comum, mínima nos homens e muito desenvolvida em outras espécies. A passagem da medicina reparadora para a regenerativa acontece no momento em que se começa a pensar em substituir a parte danificada do corpo por uma nova, funcional e totalmente idêntica à que foi danificada. Um objetivo que pode ser alcançado através da reconstituição das condições de base que permitem que um organismo se regenere: por um lado, é preciso restaurar o ambiente interno mais adequado para que o processo regenerativo tenha lugar e, por outro, é necessário utilizar células dotadas de grande plasticidade, como as células-tronco, capazes de receber instruções sobre o próprio destino biológico para se transformarem justamente nas células danificadas que se deseja substituir.

É possível reproduzir virtualmente a organização de uma parte do nosso corpo simplesmente submetendo as células a todas as influências microambientais necessárias, como fatores de crescimento e hormônios. Portanto, só se pode teorizar a possibilidade de substituir a célula danificada por uma saudável depois de se conseguir reconstruir um ambiente permissivo para onde a célula saudável será transplantada.

São exatamente estas as duas linhas mestras da medicina regenerativa: a primeira ligada às células-tronco e à biologia celular; a segunda, à reconstrução do microambiente mais adequado para hospedar e instruir as células a regenerar o tecido. Esta última missão é cumprida pela chamada engenharia de tecidos, que utiliza biomateriais semissintéticos para tentar persuadir as partes do corpo que sofreram um dano, uma ferida ou uma deterioração a se regenerar e a reconstruir a estrutura própria dos órgãos humanos.

A primeira abordagem, da biologia celular, estuda as células e suas propriedades; a segunda, da bioengenharia, trata da estrutura portante, ou seja, daqueles polímeros biológicos que podem desempenhar uma função mecânica de sustentação no interior do tecido. Usando uma imagem da "construção civil", poderíamos dizer que a bioengenharia, e em particular a engenharia de tecidos, trata de descobrir como construir o esqueleto de um arranha-céu, enquanto a biologia celular desenha seus ambientes e seus habitantes. Fundamentalmente, trata-se de interação e colaboração entre duas linhas de ataque e, embora ainda não seja realidade, apresenta-se como uma perspectiva animadora para o futuro. É mais oportuno, portanto, tratar separadamente desses dois temas. Como já abordamos o assunto das células-tronco, vou me deter no aspecto da bioengenharia, embora ela não possa resolver todos os problemas sozinha.

O objetivo da engenharia de tecidos é, como já vimos, a substituição do tecido ou o órgão danificado por um novo tecido ou um novo órgão capaz de recuperar uma plena funcionalidade. O maior obstáculo que essa jovem ciência tem diante de si é constituído pela complexidade organizativa dos tecidos – compostos de células imersas em sua matriz extracelular –, em sua maioria vascularizados, inervados e conectados ao resto do corpo. Muitos tecidos contêm células em migração, que chegam do sangue ou do sistema imunitário, e alguns contêm células com características diversas entre si, células adultas maduras e células-tronco ainda indiferenciadas. Além disso, é preciso considerar que as células se encontram num equilíbrio dinâmico com o ambiente em que estão mergulhadas graças à secreção de moléculas-sinais, que influenciam tanto as próprias células quanto a matriz extracelular em que estão mergulhadas. Para obter um tecido adequado, é necessário portanto separar e descobrir todos os elementos que permitem alcançar tal equilíbrio.

A engenharia de tecidos se baseia no cultivo em laboratório de células que permitam obter tecidos artificiais, destinados a acelerar os processos de cura (como no caso, por exemplo, de uma úlcera), a regenerar os tecidos que não são mais capazes de desempenhar a própria função (por exemplo, uma cartilagem articular), e, enfim, a substituir tecidos comprometidos (como uma porção de pele queimada). Essa abordagem poderia ser de enorme utilidade no âmbito do transplante de órgãos, opção limitada até o momento pela insuficiente disponibilidade de doadores.

A abordagem da engenharia dos tecidos prevê de um lado, a contribuição de bioengenheiros no design e realização dos andaimes artificiais, chamados de *scaffolds*, necessários para sustentar a regeneração e capazes, durante os processos, de controlar oportunamente as condições microambientais essenciais para o crescimento adequado dos tecidos e, do outro, a contribuição de biólogos na identificação de sinais capazes de estimular e dirigir os projetos necessários de biossíntese e remodelamento celular, além das competências de médicos clínicos na identificação, isolamento e multiplicação celular e na otimização das condições de implante.

Do ponto de vista das aplicações práticas já em uso, a engenharia dos tecidos forneceu resultados importantes na regeneração da pele e do nervo periférico. A regeneração induzida por *scaffolds*, para muitos outros tipos de tecidos e órgãos – como ossos, cartilagens, tendões, ligamentos, sistema nervoso central (cérebro e medula espinhal), fígado e rins –, ainda está em fase de estudo.

Eu poderia lhe dar mais detalhes sobre alguns desses processos, mas este não é o contexto adequado. Creio que é suficiente ter lhe dado uma ideia do que está sendo feito no momento e do que poderá acontecer num futuro próximo, lembrando sempre que é muito difícil fazer previsões a longo prazo: corre-se o risco de dar uma ênfase indevida a um tipo particular de abordagem e de subestimar a importância e aplicabilidade de um outro. O homem, de todo modo, está avançando quase na mesma velocidade para duas direções principais: a modificação biológica e a substituição através da bioengenharia. O futuro dirá se foi uma aposta vencedora ou, ao contrário, se a solução virá de linhas de pensamento e de pesquisas ainda diversas.

Na verdade, o tempo que lhe espera é longo. Considerando apenas os próximos cinquenta anos, quem pode dizer o que poderá acontecer, tendo em vista tudo o que sucedeu nas décadas passadas? Cada vez mais, nosso corpo é objeto de experimentação e, como é feito de boa cepa, provavelmente poderá ser reparado, regenerado e, quem sabe?, atualizado.

UM OLHAR PARA O FUTURO

O homem sempre sonhou com a imortalidade e sempre arquitetou todos os estratagemas possíveis e imagináveis para alcançá-la. No entanto, como vimos antes, imortalidade pode significar pelo menos três coisas diferentes: longevidade, ou seja, não morrer de envelhecimento natural; invulnerabilidade, ou seja, não morrer de ferimentos causados por acidentes ou doenças; eterna juventude, ou seja, viver longamente gozando sobretudo da forma física adequada. Depois de ter resumido concretamente tudo o que provavelmente acontecerá no futuro próximo, vejamos em que pé está o sonho da imortalidade hoje, trabalhando talvez com um pouco de fantasia.

Antes de mais nada, existe uma imortalidade já atual, embora abstrata e coletiva, que é a imortalidade da vida em seu conjunto: geração após geração, ela já dura 4 bilhões de anos e nada nos leva a crer que vai acabar. Os indivíduos nascem, crescem e morrem, mas as espécies, e sobretudo o conjunto das espécies, mesmo não sendo eterno, é certamente mais duradouro do que cada indivíduo em particular. Em especial, quase eterno é o genoma, ou seja, o conjunto dos genes: mudam com lentidão, ou seja, evoluem, mas passando de uma geração a outra permanecem substancialmente eternos ou pelo menos infinitamente mais longevos do que qualquer portador do próprio genoma. Do ponto de vista dos genes e do complexo dos genes, estamos bem próximos do conceito de eternidade, embora não tenha sentido falar, nesse caso, de imortalidade.

Tudo isso é de pouco consolo para um indivíduo preocupado com a morte, mas pelo menos resta o pensamento de que, morrendo, deixamos uma herança, especialmente aquilo que cada um de nós deixa para os filhos e para os filhos dos filhos, os quais, além de serem manifestações genéricas da vida, são próximos de nós: temos, de fato, uma espécie de fio condutor que nos liga a eles. Desse ponto de vista, assim como a vida não acabará tão cedo, também a descendência de cada um é garantida por um certo número de gerações.

Até aqui, nos limitamos a considerar o aspecto puramente biológico; na realidade, o ser humano possui também a cultura, ou seja, o resultado daquilo que podemos chamar de evolução cultural, o legado espiritual que nossos antepassados nos deixaram e que nós passaremos para outros seres humanos. Graças à cultura, não precisaremos descobrir de novo o teorema de Pitágoras ou a fórmula da água, ou as leis de Kepler, pois eles estão à nossa disposição de maneira mais ou menos imediata e acessível, graças aos conhecimentos coletivos acumulados com o passar das gerações. A cultura transcende a vida de cada indivíduo, mesmo tendo uma história mais breve do que a da vida (só podemos falar de cultura em sentido estrito há 6 mil anos, mas em sentido mais amplo há 2 milhões e meio de anos).

Em particular, graças à evolução cultural, se alguém é bem-dotado (e possui também um pouco de sorte) pode obter – mesmo depois da morte – notoriedade e até a glória, tornando-se famoso como cientista, pensador, literato, músico, etc. Nem todo mundo pode aspirar à celebridade, mas todos ou quase todos podem ter filhos. Alguns de nós, além de ter filhos que garantam a perpetuação de sua herança biológica, também podem ter herdeiros culturais que, lendo, admirando, ouvindo suas obras daqui a cem, duzentos ou até 2 mil anos poderão sentir sua presença.

Mas voltemos à biologia, retomando um argumento que já mencionamos. Falamos bastante da tendência que começou mais ou menos uma centena de anos atrás e que foi responsável pela extensão da vida média do corpo e da mente com base na melhoria das condições higiênico-sanitárias, médicas, de vida e de alimentação. Mas, nessas últimas décadas, os homens descobriram também um certo número de genes responsáveis pelo envelhecimento, pois são encarregados do controle dos mecanismos de autorreparação do nosso corpo.

Como vimos anteriormente, o envelhecimento é o resultado de um desgaste que pode ser enfrentado em grande parte pelas capacidades autônomas do corpo de reparar os danos causados pelo ambiente e, mais em geral, pelo tempo. No entanto, dissemos que esses mecanismos de autorreparação são muito eficientes quando somos crianças (como você agora), medianamente eficazes quando somos adultos e cada vez menos à medida que envelhecemos. Agora sabemos que a eficiência desses mecanismos é controlada por genes específicos, cujo funcionamento conhecemos graças às experiências com animais, por exemplo: pode-se estender a vida média de um rato, animal próximo de nós, em um terço, modificando um ou vários desses genes, ou seja, cortando-os no início ou no fim, ativando, duplicando ou até triplicando-os.

Esboça-se assim a possibilidade, por enquanto apenas teórica, de alongar nossa vida não somente em alguns anos ou uma dezena deles, como está acontecendo graças às melhorias da medicina, da cirurgia e da medicina regenerativa, mas até mesmo de duplicar ou triplicar sua extensão, como tem sido feito há tempos em animais simples como mosquinhas-das-frutas ou vermes.

Intervindo sobre estes genes, a vida poderia se estender muito, alongando-se como um elástico: os dois extremos se afastam entre si, junto com alguns pontos intermediários. Com isso, a juventude e o período da forma física se alongariam automaticamente, desacelerando o processo de deterioração e envelhecimento.

Mas para fazer isso é preciso modificar o genoma de cada um de nós e fazê-lo desde o nascimento: seria uma mudança genética não limitada às células somáticas, pois atingiria todo o organismo. Em 1975, um bom número de cientistas reunidos em assembleia em Asilomar, na Califórnia, decidiu que só seria permitido modificar genes humanos em células específicas, mas não na linha germinal, ou seja, aquela que produz os gametas e que implica mudanças no genoma dos filhos e de todos os descendentes. Esta ocasião sempre foi apontada como um momento de grande seriedade e visão de futuro por parte dos cientistas, mas foi uma decisão voluntária de um grupo privado e poderia, portanto, ser modificada a qualquer momento.

Muito tempo se passou, as técnicas melhoraram e, nos próximos vinte anos, o objetivo de prolongar a vida agindo sobre os genes da longevidade poderia se tornar atraente a ponto de mudar as opiniões dos cientistas, em primeiro lugar, e secundariamente da sociedade em seu conjunto. Não quero entrar em considerações éticas, das quais, aliás, já falei tantas vezes, mas se tiver de acontecer, estou disposto a acreditar que isso terá lugar no decorrer da sua vida e que a dinâmica do envelhecimento mudará completamente.

O verdadeiro problema, em todo caso, não é técnico e nem sequer científico, mas ético e social. Modificar nosso genoma não é uma decisão simples: é uma grande responsabilidade que terá sérias consequências. E também seria a primeira vez em que a evolução cultural modificaria e direcionaria a evolução biológica.

Por isso mesmo, seria interessante começar uma discussão coletiva desde já, para não termos que nos deparar com o fato consumado. Mas ninguém fala no assunto, todos fingem não saber que o trabalho segue em frente. Na realidade, alguns já expressaram sua opinião sobre o tema, particularmente o filósofo alemão Jürgen Habermas, que se declarou absolutamente contrário a esse tipo de modificação. Em suas palavras, o genoma é "indisponível" e sua argumentação para essa proibição apela para nosso senso interior, para a repulsa que sentiríamos por determinadas mudanças ou, em palavras mais pobres, para o nosso medo. São argumentos que penetram facilmente na mente dos mais sensíveis, mas que não deveriam ter nenhum efeito sobre uma pessoa racional. De todo modo, à parte Habermas, ninguém até agora se expressou abertamente sobre o tema, mesmo porque muitos ainda não têm uma ideia clara sobre as reais potencialidades dessa técnica.

Não sei se terei tempo suficiente para ver tudo isso. Mas é muito provável que você tenha. Estaremos, todos nós, diante de um salto repentino, um inesperado aumento da vida média nunca antes registrado e sequer imaginável no passado. O tempo biológico se dilataria. No entanto, se alguma coisa semelhante não for introduzida na invulnerabilidade para nos proteger das doenças e dos acidentes, a abordagem da vida poderia ser tornar até mais cruel, aumentando o desconforto com uma morte precoce: se hoje, quando vivemos em média 80 anos, a ideia de morrer aos 30 já é desagradável, amanhã, se vivermos 200 ou 300 anos, morrer aos 30 seria uma verdadeira tragédia.

Deixando de lado a biologia pura, podemos imaginar uma reviravolta profunda na sociedade: principalmente por questões numéricas, pois se as pessoas começassem a viver mais, a população se tornaria ilimitada; em segundo lugar, aquilo que chamamos de pirâmide populacional mudaria drasticamente. Teríamos que repensar o mercado de trabalho, o tempo livre e introduzir novos incentivos e novas motivações para evitar uma queda de interesse, de competitividade, de aplicação que poderia atingir quem, de repente, se visse diante de uma vida cada vez mais longa.

O que desejo, e já escrevi isso muitas vezes, é que não cheguemos despreparados a esse momento. Não quero assustá-lo, mas espero que a humanidade não seja tão estúpida a ponto de desconsiderar que, em biologia, tudo controla tudo: um gene é encarregado de uma certa atividade predominante, mas também de outras secundárias; modificá-lo poderia causar efeitos colaterais inesperados.

Espero também que não seja tão superficial a ponto de privilegiar certas característica do homem que são positivas dentro de certos limites, mas negativas se levadas ao excesso. Os jornais falam de filhos louros de olhos azuis, mas é obviamente uma provocação para causar sensação. Alguns falam também de filhos mais inteligentes. A meu ver, o primeiro objetivo é justamente a longevidade ou a resistência a certas doenças, como determinados tipos de tumores. Em sua vida, você verá muitas discussões sobre o assunto. Num certo sentido, as disputas que hoje se inscrevem sob o nome de bioética nada são diante dessa grande oportunidade que a ciência coloca na mesa e sobre a qual o homem será chamado a decidir. Seria com certeza o surgimento de uma nova era, pois pela primeira vez um resultado do processo de evolução cultural, que ademais só existe no homem, modificaria o andamento da evolução biológica.

Não se trata de simples fantasias, embora hoje pareçam perspectivas ainda bem distantes. Mas uma outra técnica parece estar mais a nosso alcance, isto é, a chamada clonagem. Já falamos dela e agora faremos apenas algumas menções a seu uso possível para estender a duração da vida. Estou falando, é claro, da clonagem dita reprodutiva, que prevê a criação de um organismo inteiro e que até agora diz respeito apenas a plantas e animais, mas não a seres humanos.

No entanto, alguns já levantaram a hipótese de aplicá-la ao gênero humano. De uma maneira geral, os jornais gostam de descrever o inquietante quadro de um milionário excêntrico que deseja perpetuar-se e "doa" uma ou algumas células de seu corpo para que construam um organismo humano com o mesmo patrimônio genético daquela célula, ou seja, o seu. Sendo repetidamente clonado, o corpo de um homem poderia durar diversas gerações. Essa forma de clonagem ganhou as manchetes dos jornais graças à seita dos raelianos, que anunciou que havia clonado um menino.

É preciso esclarecer vários aspectos, sublinhando que a realização dessa técnica comportaria vários problemas: antes de tudo, a operação apresenta muitas incógnitas e, portanto, o nascituro poderia apresentar graves doenças ou até não nascer de fato; em segundo lugar – é quase supérfluo dizê-lo, mas talvez não evidente – o indivíduo que viria ao mundo não teria a idade do doador, mas tantos anos quantos tivessem passado desde o momento da clonagem, ou seja, no que diz respeito à idade, não seria diferente de um filho ou até de um neto. Além disso, mesmo supondo que a operação seja um perfeito sucesso, nada garante a semelhança com o indivíduo original. Na realidade, os clones já existem: são os chamados gêmeos idênticos ou monozigóticos que, como já dissemos, nascem de um mesmo zigoto, ou seja, do mesmo óvulo fecundado. São um percentual não indiferente da população mundial e têm, pelo menos na origem, o mesmo genoma.

Mas mesmo os gêmeos idênticos, embora apresentem fortes semelhanças, não são realmente idênticos. Obviamente, se fizesse mil clones de uma mesma célula minha, alguns deles teriam uma alta probabilidade de se parecer física e até fisiologicamente comigo; mas se criasse apenas um número razoável, não haveria nenhuma garantia disso, sem contar o fato de que precisaríamos do mesmo número de úteros maternos, pois até agora a passagem pela implantação no útero não pôde ser evitada.

Craig Venter afirmou várias vezes que tinha criado vida artificial. Por ora, mudou a natureza de uma pequena bactéria, reafirmando assim o papel biológico primário e absolutamente dominante do DNA. Ele afirmou acertadamente que, com esses experimentos, passamos da biologia descritiva para a biologia sintética, da observação e do estudo para a realização. Por ora, estão sendo feitas pequenas células, depois veremos.

Será possível construir assim uma outra forma de vida que compreenda organismos mais longevos e até imortais? Creio firmemente que não. Explicamos aqui como se envelhece e se morre e não vejo nenhum motivo para crer que uma hipotética vida artificial se comportaria de maneira muito diferente daquela natural. As leis da física e da química são as mesmas e sempre alertas para os acontecimentos biológicos. Os princípios em que ela se baseia não podem ser muito diferentes dos usuais. O que podemos esperar é aprender a preparar e construir formas de vida inferior que possam nos servir e, talvez, órgãos cada vez melhores para serem utilizados no corpo humano. Mas não a imortalidade.

E que imortalidade seria a de um corpo – obtido por clonagem ou por síntese – desprovido do seu, ou melhor, do meu eu? Se é verdade que todos nós gostaríamos de viver mais tempo em nosso corpo, quando se imagina a imortalidade se pensa numa extensão do próprio eu, ou seja, da personalidade, da natureza individual e privada e isso é bem diferente da imortalidade do corpo. Já dizia Lucrécio: "Mesmo que o transcorrer do tempo recolhesse nossa matéria depois da morte, a recompusesse de novo tal como era e nos fosse restituída a luz da vida, ainda assim não seríamos realmente tocados por tal acontecimento, depois de interrompida a relação de memória com nós mesmos."

Ainda nos falta enfrentar, como último tema, o que poderia acontecer se tentássemos prolongar o eu, a individualidade. Nesse ponto, é preciso esclarecer as coisas: meu eu coincide, em larga medida, com a minha consciência, com o conjunto das minhas lembranças, das minhas expectativas, das minhas preferências e das minhas aversões. O eu é um produto complexo, para cuja formação concorrem os genes, a biologia, mas também a história. É uma entidade abstrata e dificilmente localizável, mais fácil de pensar ou estudar do que de manejar na prática.

Epicuro sustentava (e retomei essa teoria em alguns de meus livros) que meu eu, no sentido estrito, não morrerá: morrerá Edoardo Boncinelli; chegada a hora, alguém indicará meu corpo como um cadáver, mas eu não poderei morrer, pois se eu existo não existe a morte, se existe a morte, não existo eu. Ou seja, não existe o presente da morte: existe um passado da morte, um futuro da morte, mas não um presente. Meu corpo morrerá, mas meu eu viverá numa suspensão eterna a partir do momento de minha morte física.

Admitindo-se que tudo isso seja verdade, trata-se, porém, de um pobre consolo: se é verdade que não perceberei que morri e, portanto, não sofrerei minha separação de mim, aqueles que me são próximos morrerão e eu sofrerei. Todos sabem que uma das maiores dores da vida é a dor da perda, a dor da separação. A esse respeito, não podemos deixar de notar que a afirmação de Epicuro pode calar o temor de nossa morte pessoal, mas não nos consola da morte dos outros.

Há ainda uma outra possibilidade, que menciono por amor à argumentação: prolongar a vida do corpo com uma série sucessiva de clonagens e transferir o próprio eu para esses corpos. Parece um enredo de romance de ficção científica – de fato, alguns anos atrás, vi um filme que desenvolvia essa hipótese – e no estágio atual dos conhecimentos não é sequer imaginável.

Sabemos muitas coisas sobre nosso corpo e, dentro de certos limites, é até possível superar o seu declínio, mas não existe uma resposta definitiva para a pergunta: "O que é e onde está o meu eu?" Um filósofo diria que meu eu é algo de inefável e único. Um neurobiologista ou um biólogo, em geral, responderia, ao contrário, que em cada momento de minha vida, não sou mais que a arquitetura conjunta de milhões de bilhões de contatos sinápticos que acontecem em meu cérebro ou, mais especificamente, em meu córtex cerebral, pois qualquer coisa que acontecer comigo, seja do ponto de vista genético, seja do ponto de vista experiencial, deixará sua marca no número e na natureza dos contatos sinápticos que colocam todas as células nervosas do meu cérebro e do meu sistema nervoso central em comunicação. Cada instante da minha vida comporta uma modificação dessa arquitetura, que é diferente não apenas daquele de dez anos atrás, mas também daquela de ontem, pois hoje aprendi novas coisas, encontrei novas pessoas, li novos livros, e presumivelmente diferente daquela de amanhã, pois terei acumulado novas experiências.

Visto a partir dessa perspectiva, é difícil pensar, até teoricamente, em transferir o eu, pois só poderia acontecer através da transferência das células e de todos os seus contatos. Numa linha puramente teórica, trata-se, porém, de processos que podem ser descritos usando uma certa quantidade de informações. Se isso é verdade, podemos pensar num disquete ou num *pen drive* que carregue tais informações. Colocar o nosso eu, em seu ser e em todo o seu devir passado, num disquete digital é certamente uma ideia sugestiva. De fato, não posso prescindir do passado, da história da formação do meu eu.

Desse modo, eu seria potencialmente eterno, passando de um corpo a outro ou até de um corpo para uma máquina projetada para isso e reparável ao infinito... Resta, no entanto, o problema, mais filosófico do que biológico, de definir o que é o meu eu. Enquanto não resolvermos esse problema, não podemos discutir a questão de maneira clara e não ambígua e esse sonho não é sequer imaginável.

Se voltarmos à Terra agora e traçarmos um balanço de tudo o que foi dito até aqui, não podemos deixar de nos alegrar com as perspectivas que o futuro próximo, o seu futuro, nos reserva: vida mais longa, mais saudável e mais ativa. Obviamente não será suficiente e sempre vamos querer mais. E, com certeza, vamos obter mais, vamos obter alguma coisa que hoje nem eu nem você podemos sequer imaginar. Não seremos eternos e, temo, nem necessariamente felizes, mas estaremos sempre em busca de algo mais.

Por outro lado, não é importante apenas viver, mas viver plenamente e dar um sentido, individual ou coletivo, a essa nossa vida. A definição que alguns filósofos medievais deram à eternidade é exatamente a noção de *plenitudo vitae*.

Isso é o máximo que posso lhe desejar.

LEI
TU
RAS

Para os dados sobre o prolongamento da vida média na Itália e no mundo e para uma exposição fácil sobre os andamentos demográficos:

M. Livi Bacci e G. Errera. *Intervista sulla demografia* [Entrevista sobre demografia]. Milão: Etas, 2001.

Para uma introdução discursiva à genética e à ação dos genes:

E. Boncinelli. *I nostri geni* [Os nossos genes]. Turim: Einaudi, 1998.

Para uma introdução ao genoma:

E. Boncinelli. *Genoma: il grande libro dell'uomo* [Genoma: o grande livro do homem]. Milão: Mondadori, 2001.

Para um aprofundamento, um texto muito atualizado é:

B. R. Korf. *Genética humana e Genômica.* 3ª. edição. Rio de Janeiro: Editora Guanabara Koogan, 2008.

Para os aspectos moleculares:

G. Karp. *Biologia celular e molecular: conceitos e experimentos.* 3ª. edição. Barueri: Manole, 2005.

Para uma reflexão mais ampla sobre a vida e seus problemas:

E. Boncinelli. *Il male. Storia naturale e sociale della sofferenza* [O mal. História natural e social do sofrimento]. Milão: Mondadori, 2007

Ver também:

Jürgen Habermas. *O futuro da natureza humana.* São Paulo: Martins Fontes, 2010.

Para as características gerais da evolução biológica:

E. Boncinelli. *Perché non possiamo non dirci darwinisti* [Por que não podemos nos declarar não darwinistas]. Milão: Rizzoli, 2009.

Para um texto geral sobre o envelhecimento:

S. N. Austad. *Perché invecchiamo* [Por que envelhecemos]. Milão: McGraw Hill, 1999.

Um discurso geral sobre tumores:

L. Luzzato. *Capire il cancro* [Entender o câncer]. Milão: Rizzoli, 2006.

Sobre as células-tronco, vários pontos de vista:

E. Boncinelli. *Biologia dello sviluppo* [Biologia do desenvolvimento]. Roma: Carocci, 2001.

L. Bonfanti. *Le cellule invisibili: il mistero delle staminali nel cervello* [As células invisíveis: os mistérios das células-tronco no cérebro]. Turim: Bollati Boringhieri, 2009.

A. Massarenti. *Staminalia: le cellule "etiche" e i nemici della ricerca* [Estaminália: as células "éticas" e os inimigos da pesquisa]. Milão: Guanda, 2008.

G. Milano e C. Palmerin, *La rivoluzione delle cellule staminali* [A revolução das células-tronco]. Milão: Feltrinelli, 2005.

Para um enquadramento da medicina regenerativa:

G. Martino. *La medicina chi rigenera* [A medicina que regenera]. Milão: Editrice San Raffaele, 2009.

Para um enquadramento do conceito de eu:

E. Boncinelli. *Mi ritorno in mente* [Me volto à mente]. Milão: Longanesi, 2010;

Para uma discussão filosófica:

E. Boncinelli e M. Di Francesco. *Che fine ha fatto l'io?* [Que fim levou o eu?]. Milão: Editrice San Raffaele, 2010

Um livro muito citado:

E. Schrödinger, *O que é vida? Aspecto físico da célula viva*. São Paulo: Unesp, 1997.